O Meio Divino

Dados Internacionais de Catalogação na Publicação (CIP)
(Câmara Brasileira do Livro, SP, Brasil)

Teilhard de Chardin, Pierre, 1881-1955.
  O Meio Divino : ensaio de vida interior / Pierre
Teilhard de Chardin ; tradução de Celso Márcio Teixeira.
2. ed. – Petrópolis, RJ : Vozes, 2014. –
(Série Clássicos da Espiritualidade)

  Título original: Le Milieu Divin: essai de vie intérieure

  4ª reimpressão, 2025.

  ISBN 978-85-326-3988-2

  1. Cristianismo 2. Cristianismo – Filosofia
I. Título. II. Série.

10-01107   CDD-230.1

Índices para catálogo sistemático:
1. Cristianismo : Filosofia   230.1

Pierre Teilhard de Chardin

O Meio Divino

Ensaio de vida interior

Tradução de Celso Márcio Teixeira

EDITORA VOZES

Petrópolis

© Éditions du Seuil, 1957

Tradução do original em francês intitulado
Le Milieu Divin – Essai de vie intérieure

Direitos de públicação em língua portuguesa – Brasil:
2010, Editora Vozes Ltda.
Rua Frei Luís, 100
25689-900 Petrópolis, RJ
www.vozes.com.br
Brasil

Todos os direitos reservados. Nenhuma parte presentes na edição original desta obra, poderá ser reproduzida ou transmitida por qualquer forma e/ou quaisquer meios (eletrônico ou mecânico, incluindo fotocópia e gravação) ou arquivada em qualquer sistema ou banco de dados sem permissão escrita da editora.

CONSELHO EDITORIAL

Diretor
Volney J. Berkenbrock

Editores
Aline dos Santos Carneiro
Edrian Josué Pasini
Marilac Loraine Oleniki
Welder Lancieri Marchini

Conselheiros
Elói Dionísio Piva
Francisco Morás
Gilberto Gonçalves Garcia
Ludovico Garmus
Teobaldo Heidemann

Secretário executivo
Leonardo A.R.T. dos Santos

PRODUÇÃO EDITORIAL

Aline L.R. de Barros
Jailson Scota
Marcelo Telles
Mirela de Oliveira
Natália França
Otaviano M. Cunha
Priscilla A.F. Alves
Rafael de Oliveira
Samuel Rezende
Vanessa Luz
Verônica M. Guedes

Editoração: Fernando Sergio Olivetti da Rocha
Diagramação: AG.SR Desenv. Gráfico
Capa: Juliana Teresa Hanickel
Arte-final: Cecília Loos
Ilustração: Claudio Pastro

ISBN 978-85-326-3988-2 (Brasil)
ISBN 2-02-020136-4 (França)

Este livro foi composto e impresso pela Editora Vozes Ltda.

Sic Deus dilexit mundum.
(Assim Deus amou o mundo)

Para aqueles que amam o mundo.

Sumário

Observação importante, 9

Introdução, 11

Parte I - A divinização das atividades, 15

    1 O problema cristão da santificação da ação, 16

    2 Uma solução incompleta: a santificação unicamente pela intenção, 19

    3 A solução definitiva: o acabamento do mundo *"in Christo Jesu"*, 23

    4 A Comunhão pela ação, 29

    5 A perfeição cristã do esforço humano, 31

    6 O desapego pela ação, 38

Parte II - A divinização das passividades, 41

    1 Extensão, profundidade e formas diversas das passividades humanas, 42

    2 As passividades de crescimento e as duas mãos de Deus, 43

    3 As passividades de diminuição, 48

Conclusão das duas primeiras partes – Visão de conjunto sobre a ascética cristã, 65

    1 Apego e desapego, 65

    2 O sentido da cruz, 72

    3 A potência espiritual da matéria, 76

Parte III - O Meio Divino, 83

    1 Os atributos do Meio Divino, 84

2 A natureza do Meio Divino – O Cristo universal e a Grande Comunhão, 93

3 Os desenvolvimentos do Meio Divino, 102

Epílogo - A espera da parusia, 129

Observação importante

Não é conveniente procurar, nestas páginas, um tratado completo de teologia ascética, mas a simples *descrição* de uma evolução *psicológica* observada *num intervalo bem determinado*. Uma série possível de perspectivas interiores que se revela gradualmente ao espírito no decurso de uma modesta ascensão "iluminativa" é tudo o que nós pretendemos anotar aqui.

Que ninguém se espante, portanto, se um espaço aparentemente tão reduzido é dado ao mal moral, ao pecado: a alma, de que nós nos ocupamos, já é supostamente voltada para a culpa.

E também que ninguém se perturbe, caso não sejam feitos explicitamente apelos mais frequentes à ação da graça. O sujeito estudado aqui é o homem atual, concreto, "sobrenaturalizado", focado unicamente no âmbito de sua psicologia *consciente*. Natureza e sobrenatureza, influência divina e operação humana, portanto, não deviam ser explicitamente distintas. Mas, se faltam as palavras, a coisa mesma é subentendida por toda parte. Não somente a modo de uma entidade teoricamente admitida, mas a título de realidade viva, a noção de graça impregna toda a atmosfera da narração.

De fato, o *Meio Divino perderia toda a sua grandeza e todo o seu sabor* para o "místico", se este (o místico), por todo o seu ser "participado", por toda a sua alma gratuitamente justificada, por toda a sua vontade exigida e fortificada, não sentisse *perder tão completamente o pé* no oceano divino, a ponto de não lhe ser deixado – enfim, a si mesmo, no fundo de si mesmo – *nenhum ponto como primeiro apoio* para sua ação.

Introdução

In eo vivimus.
(Vivemos nele)

O enriquecimento e a perturbação do pensamento religioso, no nosso tempo, são devidos, sem dúvida, à revelação que se faz, em torno de nós e em nós, da grandeza e da unidade do mundo.

– Em torno de nós, as ciências do real estendem de maneira desmesurada os abismos do tempo e do espaço; e elas constantemente descobrem ligações novas entre os elementos do universo.

– Em nós, sob a exaltação destas descobertas, um mundo de afinidades e de simpatias unitárias, tão antigas quanto a alma humana, mas até agora mais sonhadas do que vividas, despertam e tomam consistência. Sábias e com nuanças entre os verdadeiros pensadores, ingênuas ou pedantes entre os medianamente instruídos, as mesmas aspirações ao Uno mais vasto e mais bem organizado, os mesmos pressentimentos de energias desconhecidas e empregadas em novos âmbitos, aparecem por toda parte e ao mesmo tempo. É quase banal, nos dias de hoje, encontrar o homem que, sem pose, mas muito naturalmente, vive com a consciência explícita de ser um átomo ou um cidadão do universo.

Este despertar coletivo, semelhante àquele que faz cada indivíduo tomar, um belo dia, a consciência das verdadeiras dimensões da sua vida, desfere necessariamente sobre a massa humana um profundo contragolpe religioso, tanto para abater quanto para exaltar.

Para uns, o mundo se revela demasiadamente grande. Num semelhante conjunto, o homem está perdido, ele não conta: desde então, nós só devemos ignorar e desaparecer. Para outros, pelo contrário, o mundo é demasiadamente belo: é ele, e somente ele, que é preciso adorar.

Há cristãos (como há homens) que ainda escapam desta angústia ou desta fascinação. As páginas seguintes não lhes interessarão. Mas há outros que estão apavorados pela emoção ou pela atração que o novo Astro que sobe produz invencivelmente neles. O Cristo evangélico, imaginado e amado segundo as dimensões de um mundo mediterrâneo, é ainda capaz de cobrir e de centrar o nosso universo prodigiosamente ampliado? O mundo não está em vista de se mostrar mais vasto, mais íntimo, mais efervescente do que Javé? Não vai ele fazer explodir nossa religião? Eclipsar nosso Deus?

Talvez, sem ousar ainda confessar esta inquietação, muitos, no entanto (eu o sei, porque frequentemente os encontrei por toda parte), a sentem plenamente despertada no fundo de si mesmos. É para estes que escrevo.

Não procurarei fazer metafísica nem apologética. Mas retornarei à *Agorá*, com os que quiserem seguir-me. E lá, todos juntos, escutaremos São Paulo dizer às pessoas do Areópago: "O Deus, que fez o homem para que este o encontre, o Deus, que nós procuramos tocar pelo tatear de nossas vidas, este Deus é tão espalhado e tangível como uma atmosfera em que nós somos banhados. Ele nos envolve por todos os lados, como o próprio mundo. O que vos falta, então, para que vós possais abraçá-lo? Uma só coisa: *vê-lo*"[1].

Este pequeno livro, onde somente se encontrará a eterna lição da Igreja, apenas repetida por um homem que sente apaixonadamente com seu tempo, gostaria de ensinar a ver Deus em toda parte: vê-lo no mais secreto, no mais consistente, no mais definitivo do mundo. O que estas páginas contêm e propõem é, então, unicamente uma atitude prática, ou, mais exatamente talvez, uma educação dos olhos: Não discutamos; você quer discutir? Mas coloque-se aqui, como eu, e olhe.

Deste ponto privilegiado, que não é o ápice inacessível reservado a alguns eleitos, mas que é a sólida plataforma construída por dois mil anos de experiência cristã, você verá operar-se muito simplesmente a conjunção de dois astros, cujas atrações diversas desorganizariam sua fé. Sem mistura, sem confusão, Deus, o verdadeiro Deus cristão, invadirá, sob seus olhos, o universo; o nosso universo de hoje, que assustava você por sua grandeza perigosa ou por sua beleza pagã. Ele [Deus] penetrará o universo como um raio cristalino; e, graças às camadas imensas dos seres criados, Ele se tornará para você universalmente, totalmente próximo, tangível e ativo e, ao mesmo tempo, totalmente distante.

Se, ajustando o olhar de sua alma, você puder perceber esta magnificência, você esquecerá – eu lhe prometo –

---

[1]. O autor, no final de sua vida, retornou ao *Meio Divino* em dois escritos autobiográficos, desenvolvendo assim o que ele entendia por *"Vê-lo"*: "O mundo *no decorrer* de toda a minha vida, *por* toda a minha vida, pouco a pouco se iluminou, se inflamou aos meus olhos, até tornar-se, à minha volta, inteiramente luminoso por dentro [...] Tal como eu o experimentei em contato com a Terra: a diafania do Divino no coração de um universo que se tornou ardente [...] O Cristo; seu coração. Um fogo: capaz de tudo penetrar e que, pouco a pouco, se espalhava por toda parte" [N.E.].

seus temores vãos diante da Terra que se eleva; e você não pensará em outra coisa que em gritar para si mesmo: "Seja ainda maior, Senhor, sempre maior seja vosso universo, a fim de que, por um contato sempre mais intensificado e ampliado, eu vos possua e seja possuído por Vós!"

A caminhada que seguiremos na nossa exposição será muito simples. Uma vez que, no campo da experiência, a existência de cada ser humano se divide apropriadamente em duas partes, a saber, o que ele faz e o que ele sofre ou experimenta, nós descortinaremos alternativamente o âmbito de nossas atividades e o das nossas passividades. Em cada um destes âmbitos nós constataremos, logo de início, que Deus, segundo a sua promessa, nos espera verdadeiramente nas coisas, visto que é nelas que Ele vem ao nosso encontro. Em seguida, nós admiraremos como, pela manifestação de sua sublime presença, Ele não altera a harmonia da atitude humana, mas, pelo contrário, lhe dá a sua verdadeira forma e seu acabamento. Isto feito, quer dizer, tendo-se mostrado plenas de Deus as duas metades de nossa vida (e, por conseguinte, a totalidade de nosso próprio mundo), não nos restará outra coisa que fazer o inventário das propriedades maravilhosas deste meio espalhado por toda parte (e, no entanto, ulterior a tudo!), no qual unicamente somos construídos para podermos, desde agora, respirar plenamente.

Parte I
A divinização das atividades[2]

Das duas metades, ou componentes, nas quais se pode dividir nossa vida, a primeira, por sua importância aparente e pelo preço que nós lhe atribuímos, é o âmbito da atividade, do esforço, do desenvolvimento. Bem entendido, não se trata da ação sem reação. Bem entendido ainda, não é nada em nós que, em sua origem primeira e em suas camadas profundas, não seja, como diz Santo Agostinho, *"in nobis sine nobis"* (em nós, sem nós). Quando nós agimos com o máximo de espontaneidade e de vigor – parece –, somos em parte levados pelas coisas que cremos dominar. Além disso, a própria expansão de nossa energia (por onde se trai o núcleo de nossa pessoa autônoma) não é, no fundo, mais do que a obediência a uma vontade de ser e de crescer, cujas variações de intensidade e infinitas modalidades não dominamos. Voltaremos, no início da segunda parte, a estas passividades essenciais, umas misturadas às medulas de nossa substância, outras difusas no jogo de

---

2. Aqui convém que se leve particularmente em conta o que foi dito mais acima (cf. p. 9). Quando nós falamos de "atividade", este termo é tomado no sentido vulgar da palavra, sem nada negar – muito pelo contrário – daquilo que se passa entre a graça e a vontade nos âmbitos infraexperimentais da alma. Ainda uma vez, aquilo que há de mais divino em Deus é que nós, de uma maneira absoluta, não somos nada fora dele. A mínima mistura do que se poderia chamar pelagianismo seria suficiente para destruir imediatamente, para aquele "que vê", todos os encantos do Meio Divino [N.A.].

conjunto das causas universais, que nós chamamos de "nossa natureza" ou de "nosso caráter" ou de "nosso bom ou mau destino". No momento, tomemos nossa vida com suas categorias e denominações mais imediatas e mais comuns. Todo homem distingue perfeitamente os momentos em que ele age daqueles em que sofre a ação. Consideremo-nos numa destas fases da atividade dominante. E procuremos ver como, graças a e através da extensão total de nossa ação, o Divino faz pressão sobre nós e busca entrar em nossa vida.

1 Existência certa do fato e dificuldade de sua explicação – O problema cristão da santificação da ação

Nada é mais certo, dogmaticamente falando, do que a santificação possível da ação humana: "Aquilo que fizerdes – diz São Paulo –, fazei-o em nome de Nosso Senhor Jesus Cristo". E a mais cara das tradições cristãs tem sido sempre a de entender esta expressão "em nome de Nosso Senhor Jesus Cristo" no sentido de "em íntima união com Nosso Senhor Jesus Cristo". Não foi o próprio São Paulo que, depois de ter convidado a "revestir-se de Cristo", ainda forjou a série de termos famosos, tais como *Collaborare, compati, commori, con-ressuscitare* (colaborar, padecer com, morrer com, ressuscitar com), na plenitude de seu sentido, mesmo na sua literalidade? Termos em que se exprime a convicção de que toda a vida humana deve tornar-se, de alguma maneira, comum com a vida de Cristo?

As ações da vida, das quais se trata aqui, não devem ser compreendidas – sabe-se muito bem disto – como sendo somente as obras de religião ou de piedade (orações, jejuns, esmolas, etc.). É, antes, a vida humana toda inteira, considerada até nas áreas consideradas mais "naturais", que a Igreja declara santificável. "Quer comais, quer bebais [...]", diz-nos São Paulo. A história toda da Igreja está aí para prová-lo.

Dentro do conjunto, desde as declarações solenemente proferidas pela boca ou pelos exemplos dos pontífices e dos doutores até aos conselhos humildemente dados por cada sacerdote no segredo da confissão, a influência geral e prática da Igreja é sempre exercida para dignificar, exaltar, transfigurar em Deus o dever de estado, a busca da verdade natural, o desenvolvimento da ação humana.

O fato é incontestável. Mas a sua legitimidade, quer dizer, a sua coerência lógica com o próprio fundo do espírito cristão não aparece imediatamente. Como é que as perspectivas do Reino de Deus não transtornam, por seu aparecimento, a economia e o equilíbrio de nossas atividades? Como é que aquele que crê no céu e na cruz pode continuar a crer sinceramente no preço das ocupações terrestres? Como, em virtude daquilo que nele há de mais cristão, o fiel poder ir à totalidade de seu dever humano com o mesmo coração como se fosse a Deus? Eis aí algo que não é claro à primeira vista; eis aí aquilo que, de fato, incomoda mais espíritos do que se pensa.

O problema coloca-se da seguinte maneira: De acordo com os artigos mais sagrados de seu *Credo*, o cristão considera que a existência daqui de baixo continua em uma outra vida, cujas alegrias, dores, realidade, são sem proporção com as condições presentes de nosso universo. A este contraste, a esta desproporção, que seriam suficientes segundo eles somente para nos desgostar ou para nos desinteressar da Terra, acrescenta-se uma doutrina positiva de condenação ou de desprezo por um mundo viciado e caduco. "A perfeição consiste no desapego. O que nos rodeia é uma cinza desprezível." O fiel lê, ou tenta repetir, a cada instante, estas palavras austeras. Como é que ele vai conciliá-las com este outro conselho, recebido do mesmo mestre e inscrito pela natureza em seu coração, o conselho de que é necessário dar aos gentios o exemplo de fidelidade ao dever, de animação e até mesmo o de caminhar na frente por todos os caminhos abertos pela atividade humana? Deixemos de lado as crianças mimadas e os preguiçosos que, julgando antes inútil dar-se ao trabalho de acumular um saber ou de organizar um melhor-ser, de que eles usufruirão ao cêntuplo após o último suspiro, somente concorrem com a tarefa humana (como já se terá dito imprudentemente – eu cito), "com a ponta dos dedos". Há uma categoria de espíritos (todos os "diretores" os encontraram), para os quais a dificuldade toma a forma e a importância de uma perplexidade contínua e paralisante. Esses espíritos, tomados por uma unidade interior, são atormentados por uma verdadeira dualidade espiritual. De uma parte, um instinto muito seguro, confundido com seu amor de ser e seu gosto de viver, os atrai em direção à alegria de criar e de conhecer. De outra parte, uma vontade superior de amar a Deus acima de tudo os faz temer a menor partilha, o menor desvio em suas afeições. Estão, na verdade, nas camadas mais espirituais de seu ser, os fluxos e refluxos contrários gerados pela atração dos dois astros rivais de que falávamos no começo: Deus e o mundo. Qual dos dois se fará adorar mais nobremente?

Segundo a natureza mais ou menos vigorosa do sujeito, o conflito corre o risco de terminar de uma das três maneiras seguintes: ora o cristão, reprimindo seu gosto pelo tangível, se forçará a buscar interesse somente nos objetos puramente religiosos, e ele tentará viver em um mundo divinizado pela exclusão do maior número possível de objetos terrestres; ora, provocado pela oposição interior que o atravanca, ele enveredará pelos conselhos evangélicos e se decidirá a levar o que lhe parece uma vida humana e verdadeira; ora – e este é o caso mais frequente –, ele renunciará a compreender jamais totalmente a Deus, jamais inteiramente às coisas: imperfeito aos seus próprios olhos, insincero no julgamento dos homens, ele se resignará a levar uma vida dupla. Falo aqui da experiência, da qual não se esquece.

Sob títulos diversos, estas três saídas são terríveis. Se a pessoa se torna falsa em seus interesses, se ela se desgosta das coisas ou se ela leva vida dupla, o resultado é igualmente mau e certamente oposto àquilo que o cristianismo deve produzir autenticamente em nós. Há, então, sem possibilidade de dúvida, um quarto meio de escapar do problema: é perceber como, sem a menor concessão feita à "natureza", mas por sede da mais elevada perfeição, há um meio de conciliar e, depois, de alimentar, um pelo outro, o amor a Deus e o saudável amor ao mundo, o esforço de desapego e o esforço de desenvolvimento.

Vejamos as duas soluções, a primeira incompleta, a segunda total, que se podem aportar ao problema cristão da "divinização do esforço humano".

2 Uma solução incompleta: a ação humana vale, e só vale pela intenção com a qual ela é feita

Levada de maneira um pouco crua e esquemática à sua essência, uma primeira resposta dada pelos diretores de almas àqueles que lhes perguntam como um cristão, decidido a desprezar o mundo e a guardar zelosamente seu coração para Deus, pode amar o que Ele faz (de acordo com a ideia da Igreja de que o fiel deve não agir *menos*, mas agir *melhor* do que os pagãos), pode ser expressa desta maneira:

"Meu caro amigo, você quer revalorizar o seu trabalho humano, que as perspectivas cristãs e a ascética lhe parecem depreciar. Pois bem, deixe escoar a substância maravilhosa da boa vontade. Purifique sua intenção, e a menor de suas ações se encontrará repleta de Deus. Sem dúvida, o material de seus atos não tem nenhum valor definitivo. Que os homens encontrem uma verdade ou um fenômeno a mais ou a menos, que eles façam ou não bela música ou belas imagens, que sua organização terrestre seja mais ou menos bem-sucedida, isto não tem diretamente importância alguma para o céu. Nada, de fato, destas descobertas nem destas criações estará entre as pedras de que é construída a nova Jerusalém. Mas o que há de marcar, lá em cima, o que ficará sempre é o que você tiver feito, em todas as coisas, *em conformidade* com a vontade de Deus que, evidentemente, não tem necessidade alguma dos produtos de sua industriosa atividade, pois que Ele poderia existir totalmente sem você. Aquilo por que Ele se interessa exclusivamente, mais ainda, aquilo que Ele deseja intensamente é, por exemplo, o uso fiel de sua liberdade e a preferência que você lhe dá sobre os objetos que estão ao seu redor. Compreenda bem isto: sobre a Terra, as coisas lhe são dadas somente como uma matéria para o exercício, matéria na qual você exercita "ao extremo" o seu espírito e o seu coração. Você está num terreno de prova, onde Deus pode julgar se você é capaz de ser transportado ao céu, à sua presença. Você está em experiência. Pouco importa, então, o que valem e o que se tornam os frutos da Terra. Toda a questão é saber se você se tenha servido deles para aprender como obedecer e como amar. Portanto, não se apegue ao invólucro grosseiro das obras humanas. Isto não é nada mais do que palha combustível ou vaso frágil. Mas sonhe que dentro de cada um destes humildes vasos você pode fazer passar, como uma seiva ou um licor precioso, o espírito de docilidade e de união com Deus. Se as metas terrestres não valem nada em si mesmas, você pode amá-las pela ocasião que elas lhe oferecem de provar ao Senhor a sua fidelidade".

Não queremos dizer que estas palavras sejam pronunciadas literalmente. Mas achamos que elas identificam uma nuança realmente mesclada com muitos conselhos espirituais; e estamos certos, em todo caso, de que elas traduzem bastante bem o que um bom número de ouvintes e de pessoas que recebem direção espiritual compreende e guarda das exortações entendidas.

Isto posto, o que devemos pensar da atitude que elas propõem?

Esta atitude, antes de tudo, contém uma parte enorme de verdade. Ela exalta com razão o papel inicial e fundamental da intenção, que é verdadeiramente (teremos que dizê-lo novamente) a chave de ouro, pela qual o nosso mundo interior se abre à presença divina. Ela expressa com energia o valor substancial da vontade divina, que se torna, graças a ela, para o cristão (bem como para seu modelo divino), a medula fortificante de todo alimento terrestre. Ela revela, sempre igual sob a diversidade e a pluralidade das obras humanas, uma espécie de meio único, no qual nós podemos instalar-nos, sem nunca ter que sair dele.

Estes diferentes traços constituem uma primeira e essencial aproximação da solução que buscamos; e nós pretendemos conservá-los integralmente dentro do delineamento mais satisfatório de vida interior que logo a seguir será proposto. Mas eles nos parecem carecer de um acabamento, que nossa paz e nossa alegria espiritual requerem imperiosamente. A divinização de nosso esforço pelo valor da intenção que aí se coloca infunde uma alma preciosa em todas as nossas ações; mas *ela não dá a seus corpos a esperança de uma ressurreição*. Ora, é esta esperança que nos falta, para que nossa alegria seja completa. Já é bastante podermos pensar que, se nós amamos a Deus, nunca será perdida coisa alguma de nossa atividade interior, de nossa *operatio*. Mas o trabalho mesmo de nossos espíritos, de nossos corações e de nossas mãos – nossos resultados, nossas obras, nosso *opus* – não será ele também, de alguma maneira, "eternizado" e salvo?

Oh, sim, Senhor, em virtude de uma pretensão que Vós mesmo colocastes no coração de minha vontade, assim será! Eu quero, eu preciso que assim seja.

Eu o quero, porque amo irresistivelmente aquilo que vossa ajuda permanente me permite trazer, a cada dia, para a realidade. Este pensamento, este aperfeiçoamento material, esta harmonia, esta nuança particular de amor, esta delicada complexidade de um sorriso ou de um olhar, todas estas belezas novas que aparecem pela primeira vez, em mim e ao redor de mim, sobre a face humana da Terra, eu as amo ternamente como crianças e não posso acreditar que elas, em suas carnes, morrerão completamente. Se eu acreditasse que estas coisas fenecem para sempre, acaso eu lhes teria dado a vida? Quanto mais eu me analiso, mais eu descubro esta verdade psicológica de que nenhum homem ergue o dedo mínimo para a menor obra, sem estar movido pela convicção, mais ou menos obscura, de que ele trabalha de maneira infinitesimal (mesmo que seja de uma maneira desviada) para a edificação de algo definitivo, quer dizer, para a vossa própria obra, ó meu Deus. Isto pode parecer estranho e sem cabimento para aqueles que agem sem criticar-se ao ponto máximo. E, no entanto, isto é uma lei fundamental de sua ação. Para colocar em movimento a frágil liberdade que vós nos destes, não é preciso nada menos do que o encanto daquilo que nós chamamos de Absoluto, não é preciso nada menos do que Vós mesmo. Desde então, tudo aquilo que diminui minha fé explícita no valor celeste dos *resultados* de meu esforço degrada irremediavelmente minha potência de agir.

Mostrai a todos os vossos fiéis, Senhor, como, em um sentido real e pleno, "as obras deles os seguem" em vosso reino: "*opera sequuntur illos*". Faltando isso, eles serão como estes operários preguiçosos que não buscam um serviço. Ou antes, se entre eles o instinto humano domina as hesitações ou os sofismas de uma religião insuficientemente esclarecida, eles ficarão divididos, torturados no fundo de si mesmos; e dir-se-á que os filhos do céu não podem concorrer, no âmbito humano – em convicção e, portanto, em igualdade de armas – com os filhos da Terra.

3 A solução definitiva: todo esforço coopera para o acabamento do mundo "*in Christo Jesu*"

A economia geral da salvação (quer dizer, da divinização) de nossas obras está contida no breve raciocínio que segue:

No seio de nosso universo, toda alma é para Deus, em Nosso Senhor.

Mas, por outra parte, toda realidade, mesmo material, ao redor de cada um de nós é para nossa alma.

Deste modo, ao redor de cada um de nós, toda realidade sensível é, por meio de nossa alma, para Deus em Nosso Senhor.

Aprofundemos, um depois do outro, os três elementos deste silogismo. Os termos e a ligação deles são fáceis para compreender. Mas tomemos cuidado: uma coisa é ter compreendido as palavras; outra coisa é ter penetrado até o mundo espantoso, cujas inesgotáveis riquezas ele nos revela, em sua tranquila austeridade.

a) No universo, toda alma é para Deus, em Nosso Senhor

Esta premissa maior do nosso silogismo não faz outra coisa que expressar o dogma católico fundamental, do qual todos os outros dogmas são apenas explicações e determinações. Portanto, ela não exige aqui qualquer prova, mas pretende, em contrapartida, que nós lhe demos, em nossa inteligência, uma vigorosa compreensão. Toda alma é para Deus, em Nosso Senhor. Não nos contentamos em dar a esta destinação de nosso pertencer a Cristo um sentido muito servilmente copiado das relações jurídicas que ligam, entre nós, um objeto ao seu proprietário. Sua natureza é, muito pelo contrário, física e profunda. Sem dúvida, já que o Universo consumado (o Pleroma, como diz São Paulo) é uma comunhão entre pessoas (a Comunhão dos Santos), é necessário que o nosso espírito expresse os laços com o universo por meio de analogias sociais. Sem dúvida, ainda para evitar a perversão materialista ou panteísta que espreita nosso pensamento quando busca utilizar para suas concepções místicas os recursos poderosos, mas perigosos, das analogias orgânicas, muitos teólogos (mais temerosos nisto do que São Paulo) não gostam de ver que se dá um sentido muito realista às conexões que religam os membros à Cabeça no Corpo místico. Mas esta prudência não deve vir a existir a partir da timidez. Queremos nós, com o pleno vigor (que só os torna belos e aceitáveis), compreender os ensinamentos da Igreja sobre o preço da vida humana e sobre as promessas e ameaças da vida futura? É necessário, então, sem nada rejeitar das forças de liberdade e de consciência que constituem a realidade física própria da alma humana, que nós percebamos, entre nós e o Verbo, a existência de laços tão rigorosos como os que dirigem, no mundo, as afinidades dos elementos para a edificação de todos os "naturais".

É inútil buscar, neste caso, um nome novo para designar a natureza supereminente desta dependência, onde se combinam harmoniosamente, em um paroxismo, o que há de mais flexível nas combinações humanas e de mais intransigente nas construções orgânicas. Chamemo-la, então, assim como sempre já se tem feito, de ligação *mística*. Mas que este termo, longe de encerrar uma ideia qualquer de atenuação, pelo contrário, signifique para nós reforço e purificação daquilo que, na realidade e em urgência, as mais poderosas conexões contêm; exemplo destas conexões o mundo físico e humano nos dá em todos os níveis. Neste caminho, nós podemos avançar sem medo de ultrapassar a verdade; porque, no próprio fato, como também na sua expressão sistemática, todo mundo na Igreja de

Deus está de acordo: em virtude da poderosa Encarnação do Verbo, nossa alma está totalmente devotada ao Cristo, centrada nele.

b) E agora, nós acrescentamos, "em nosso universo, em que todo espírito vai a Deus, em Nosso Senhor, todo o sensível, por sua vez, é responsável pelo Espírito"

Sob a forma que nós lhe damos aqui, esta menor de nosso silogismo tem um aspecto finalista que corre o risco de chocar os temperamentos positivistas. Entretanto, ela não faz outra coisa que expressar um fato natural incontestável, a saber, que nosso ser espiritual se alimenta continuamente das inúmeras energias do mundo tangível. Também aqui, é inútil provar. O que é necessário é ver: ver as coisas da maneira real e intensa como elas são. Nós vivemos – ai de nós – no meio do entrelaçamento das influências cósmicas, como no seio da multidão humana ou como entre as miríades de estrelas, sem tomar consciência da imensidade delas. É necessário, se quisermos viver a plenitude de nossa humanidade e de nosso cristianismo, superar esta insensibilidade que tende a esconder-nos as coisas à medida que elas se tornam muito próximas e muito grandes. Façamos – vale a pena – o exercício salutar que consiste em seguir, partindo das áreas mais personalizadas de nossa consciência, os prolongamentos de nosso ser através do mundo. Nós ficaremos estupefatos ao constatarmos a extensão e a intimidade de nossas relações com o universo.

As raízes do nosso ser? Mas elas mergulham primeiramente no mais insondável passado. Que mistério foi o das primeiras células que um dia superanimaram o sopro de nossa alma! Que indecifrável síntese de influências sucessivas, na qual fomos para sempre incorporados! Pela matéria, em cada um de nós, é parcialmente a história inteira do mundo que se repercute. Por mais autônoma que seja nossa alma, ela é herdeira de uma existência prodigiosamente trabalhada, antes dela, pelo conjunto de todas as energias terrestres: ela encontra e reúne a vida em um nível determinado. Ora, assim que ela se encontra engajada no universo neste ponto particular, ela se sente, por sua vez, sitiada e penetrada pela onda das influências cósmicas a ordenar e a assimilar. Olhemos ao redor de nós: as vagas vêm de toda parte e do fundo do horizonte. Por todas as saídas, o sensível nos inunda com suas riquezas: alimento para o corpo e nutrição para os olhos, harmonia dos sons e plenitude do coração, fenômenos incomuns e verdades novas, todos estes tesouros, todas estas excitações, todos estes apelos, saídos dos quatro cantos do mundo, atravessam, a cada instante, a nossa consciência. O que é que eles vêm fazer em nós? O que farão eles aí, mesmo se, semelhantes a maus trabalhadores, nós os acolhemos passiva ou indistintamente? Eles se misturarão à vida mais íntima de nossa alma, para desenvolvê-la ou envenená-la. Observemos um minuto e disto nos persuadiremos até ao entusiasmo ou até à angústia. Se o mais humilde e o mais material dos alimentos já é capaz de influenciar profundamente nossas faculdades mais espirituais, o que dizer das energias infinitamente mais penetrantes, que a música veicula em termos de nuanças, de notas, de palavras, de ideias. Não há em nós um corpo que se alimenta independentemente da alma. É necessário que a alma, por sua vez, sublime tudo o que o corpo assimilou e começou a transformar. Ela o faz segundo a sua dignidade e à sua maneira, sem dúvida. Mas ela não pode escapar deste contato universal nem de seu labor de todos os instantes. Assim, vai-se aperfeiçoando nela, para sua felicidade e seus riscos, a potência particular de compreender e de amar que constituirá a sua mais imaterial individualidade. Não sabemos em que proporção nem sob que forma nossas faculdades naturais serão assimiladas no ato final da visão divina. Mas quase não se pode duvidar de que aqui embaixo, ajudados por Deus, nós não nos apegaríamos aos olhos e ao coração, visto que uma transfiguração final dos órgãos os tornará dotados de um poder e de uma capacidade de beatificação especiais para cada um de nós.

Deus quer somente as almas, repetem incessantemente os mestres da vida espiritual. Para dar a estas palavras seu justo valor, não nos esqueçamos de que a alma humana, se criada à parte como a nossa filosofia o imagina, é inseparável, em seu nascimento e em seu amadurecimento, do universo em que ela nasceu. Em cada alma, Deus ama e salva parcialmente o mundo inteiro, que esta alma resume de uma maneira particular e incomunicável. Ora, este resumo e esta síntese não nos são dados já totalmente feitos, já totalmente acabados com o primeiro despertar da consciência. Somos nós, por nossa atividade, que devemos industriosamente ajuntar os elementos desta síntese disseminados por toda parte. O trabalho da alga que concentra em seus tecidos as substâncias espalhadas, em doses infinitesimais, nas camadas imensas do oceano, a indústria da abelha que forma seu mel dos sucos espalhados em tantas flores são apenas uma pálida imagem da elaboração contínua que todas as potências do universo sofrem em nós para tornar-se espírito.

Deste modo, cada homem, no curso de sua vida presente, não deve somente mostrar-se obediente e dócil. Por sua fidelidade, a começar pela área mais natural de si mesmo, ele deve *construir* uma obra, um *opus*, em que entra alguma coisa de todos os elementos da Terra. Ao longo de todos os seus dias terrestres, *ele faz a sua alma*; e, ao mesmo tempo, ele colabora para uma outra obra, para um outro *opus*, que ultrapassa infinitamente, ordenando-as estreitamente, as perspectivas de seu êxito individual: o acabamento do mundo. Pois isto também não se pode esquecer, ao apresentar a doutrina cristã da salvação: em seu conjunto, isto é, à medida que constrói uma hierarquia de almas – que só aparecem sucessivamente, que só se desenvolvem coletivamente, que só unitariamente terão acabamento –, o mundo, ele próprio, sofre uma espécie de vasta "ontogênese"; e, graças às realidades sensíveis, o desenvolvimento de cada alma é apenas um harmonioso resumo desta ontogênese. Através de nossos esforços individuais de espiritualização, o mundo acumula lentamente, a partir de toda matéria, aquilo que fará dele a Jerusalém celeste ou a nova Terra.

c) Agora podemos aproximar uma da outra, a maior e a menor de nosso silogismo, para captar delas a ligação e a conclusão

Se é verdade, de acordo com o nosso Credo, que as almas são tão estreitamente assimiladas em Cristo e em Deus, se é verdade, de acordo com as constatações mais gerais da análise psicológica, que o sensível é tão vitalmente assimilado nas áreas mais espirituais de nossas almas, devemos forçosamente reconhecer que *tudo se torna um* no processo que, de alto a baixo, agita e dirige os elementos do universo. E nós começamos a ver mais distintamente elevar-se, no nosso mundo interior, o grande sol do Cristo Rei, do Cristo *"amictus Mundo"* ("vestido do mundo"), do Cristo Universal. Gradualmente, cada coisa à sua vez, tudo acaba por unir-se ao Centro Supremo, *"in quo omnia constant"* ("em que tudo subsiste"). Os eflúvios emanados deste Centro não agem somente nas áreas superiores do mundo, lá onde se exercem as atividades humanas sob uma forma distintamente sobrenatural e meritória. Para salvar e constituir estas energias sublimes, a potência do Verbo encarnado irradia-se até dentro da matéria; Ele desce até ao fundo mais obscuro das potências inferiores. E a encarnação só será acabada quando a parte de substância escolhida que todo objeto encerra – espiritualizada uma primeira vez em nossas almas e uma segunda vez com nossas almas em Jesus – tiver atingido o Centro definitivo de sua plenitude. "*Quid est quod ascendit, nisi quod prius descendit, ut repleret omnia*" ("O que é que subiu, sem antes ter descido, para tudo plenificar?").

Pela nossa colaboração, que Ele suscita, o Cristo se consuma, atinge sua plenitude, a partir de *toda* criatura. É São Paulo que nos diz: Nós imaginamos talvez que a criação, depois de tanto tempo, esteja terminada. É um erro; ela procura ser mais bela, inclusive, nas áreas mais elevadas do mundo. "*Omnis creatura adhuc ingemiscit et parturit*" ("Toda a criação até o presente momento geme em dores de parto"). E é ao aperfeiçoar que nós servimos, mesmo através do trabalho mais humilde de nossas mãos. Estes são, definitivamente, o sentido e o preço de nossos atos. Em virtude da interligação matéria-alma-Cristo, *qualquer que seja a coisa que fazemos*, nós reconduzimos a Deus uma parcela do ser que Ele deseja. Através de cada uma de nossas *obras*, nós trabalhamos, atomicamente, mas realmente, para construir o Pleroma, isto é, para levar ao Cristo um pouco de acabamento.

4 A Comunhão pela ação

Cada uma de nossas obras, pela repercussão mais ou menos distante e direta que ela exerce no mundo espiritual, concorre para aperfeiçoar o Cristo na sua totalidade mística. Aí está, tão completa quanto possível, a resposta à nossa questão: Como podemos nós, seguindo o convite de São Paulo, ver Deus em toda metade ativa de nossa vida? Na verdade, pela operação sempre em curso da Encarnação, o Divino penetra tão bem nossas energias de criaturas que não poderíamos, para encontrá-lo e abraçá-lo, achar um meio mais apropriado do que nossa própria ação.

Na ação, primeiramente, eu realizo minha adesão à potência criadora de Deus; eu coincido com ela; eu me torno não somente o instrumento, mas o prolongamento vivo dela. E como não há nada mais íntimo em um ser do que sua vontade, eu me confundo, de alguma maneira, através do meu coração, com o próprio coração de Deus. Este contato é perpétuo, já que eu ajo sempre; e, ao mesmo tempo, visto que eu não poderia encontrar limite para a perfeição de minha fidelidade nem graças à minha intenção, ele me permite assimilar-me sempre mais estreitamente, sempre mais indefinidamente em Deus.

Nesta comunhão, a alma não se detém para usufruir nem perde de vista o termo material de sua ação. Não é a um esforço *criador* que ela se dedica? A vontade de sermos bem-sucedidos e uma determinada dileção apaixonada pela obra a produzir fazem parte integrante de nossa fidelidade de criatura. Desde então, a própria sinceridade, com a qual desejamos e perseguimos o sucesso para Deus, revela-se como um novo fator – também este sem limite – de nossa conexão mais perfeita com o Todo-poderoso que nos anima. Associados primeiramente a Deus no simples exercício comum das vontades, nós nos unimos a Ele agora no amor comum do termo a produzir; e a maravilha das maravilhas é que, neste termo possuído, nós temos o arrebatamento de encontrá-lo ainda presente.

Isto resulta imediatamente daquilo que nós dizíamos, há um instante, sobre a interligação da ação natural e da sobrenatural no mundo. Todo crescimento que eu dou a mim mesmo, ou que dou às coisas, calcula-se por algum aumento de meu poder de amar e por algum progresso na bem-aventurada penhora do Cristo sobre o universo. Nosso trabalho se nos manifesta, sobretudo, como um meio de ganhar o pão de cada dia. Mas sua virtude definitiva é mais alta: através dele, nós aperfeiçoamos em nós o sujeito da união divina; e, ainda através dele, nós fazemos crescer, de alguma maneira, em relação a nós, o termo divino desta união, Nosso Senhor Jesus Cristo. Desta maneira, artistas, operários, sábios – seja qual for a nossa função humana – nós podemos, se somos cristãos, precipitar-nos em direção ao objeto de nosso labor como em direção a uma saída aberta para a suprema completude de nossos seres. Na verdade, sem exaltação nem exagero de pensamento ou de palavras – mas pela simples confrontação das verdades mais profundas de nossa fé e da experiência –, nós nos encontramos conduzidos a esta constatação: Deus é atingível, de maneira inesgotável, na *totalidade* de nossa ação. E este prodígio de divinização só tem de comparável a doçura com a qual a metamorfose se realiza, sem perturbar em qualquer coisa que seja (*"non minuit, sed sacravit"*) ("não diminuiu, mas consagrou"), a perfeição e a unidade do esforço humano.

5 A perfeição cristã do esforço humano

Poder-se-ia temer – nós já o dissemos – que a economia da ação humana fosse gravemente perturbada pela introdução das perspectivas cristãs. A busca e a espera do céu não tendem a desviar a atividade humana de suas ocupações naturais ou, pelo menos, a eclipsar completamente o interesse por elas? Vamos ver agora como pode – ou como deve – não ser necessariamente deste modo. A conexão de Deus e do mundo acaba de realizar-se sob nossos olhos no âmbito da ação. Não: Deus não distrai prematuramente nosso olhar do trabalho que Ele próprio nos impôs, porque Ele se apresenta a nós como atingível por esse mesmo trabalho. Não: Ele não faz desvanecer-se, em sua intensa luz, o detalhe de nossas metas terrestres, porque a intimidade de nossa união com Ele é justamente função do acabamento preciso que nós daremos à menor de nossas obras. Exercitemo-nos à saciedade nesta verdade fundamental até que ela se nos torne tão familiar como a percepção do relevo ou a leitura das palavras. Deus, naquilo que Ele tem de mais vivo e de mais encarnado, não está distante de nós, fora da esfera tangível, mas Ele nos espera a cada instante na ação, na obra do momento. Ele está, de alguma maneira, na ponta de minha caneta, de minha picareta, de meu pincel, de minha agulha, de meu coração, de meu pensamento. É fazendo progredir, até a sua última perfeição natural, o traço, o golpe, o ponto com o qual estou ocupado, que eu me apoderarei da meta última, à qual tende o meu querer profundo. Semelhante a estas terríveis energias físicas que o homem chega a disciplinar até fazê-las realizar prodígios de delicadeza, a enorme potência da atração divina se aplica aos nossos frágeis desejos, aos nossos microscópicos objetos, sem quebrar-lhes a ponta. Ela superanima: portanto, ela não perturba nem sufoca nada. Ela superanima: portanto, ela introduz, em nossa vida espiritual, um princípio superior de unidade, cujo efeito específico é, segundo o ponto de vista que se adota, o de santificar o esforço humano ou o de humanizar a vida cristã.

a) A santificação do esforço humano

Penso não exagerar, quando afirmo que, para 90% dos cristãos praticantes, o trabalho humano permanece no estado de "atravancamento espiritual". Apesar da prática da reta intenção e da jornada cotidianamente oferecida a Deus, a massa dos fiéis conserva obscuramente a ideia de que o tempo passado no escritório, na sala de aula, nos campos ou na fábrica é um tempo subtraído à adoração. Entendia-se que é impossível não trabalhar. Mas impossível também é aspirar à vida religiosa profunda reservada àqueles que se dedicam a rezar ou a pregar todo o dia. Na vida, alguns minutos podem ser recuperados para Deus. Mas as melhores horas são absorvidas ou, pelo menos, desvalorizadas pelos cuidados materiais. Dominados por este sentimento, muitíssimos católicos levam uma existência praticamente dupla ou torturada: eles precisam despojar-se de suas vestes de homens para sentirem-se cristãos, e somente cristãos inferiores.

Após o que dissemos sobre as camadas e as exigências divinas do Cristo místico ou universal, são manifestas a inanidade destas impressões e a legitimidade da tese, tão cara ao cristianismo, da santificação pelo dever de estado. Há, sem dúvida, em nossas jornadas, minutos particularmente nobres e preciosos, os da oração e dos sacramentos. Sem estes momentos de contato mais eficientes ou mais explícitos, o afluxo da onipresença divina e a visão que temos dela logo se enfraqueceriam, até o ponto de a nossa melhor diligência humana, sem estar absolutamente perdida para o mundo, restar para nós vazia de Deus. Mas, uma vez feita zelosamente esta parte com relação ao Deus encontrado – ouso dizer – "em estado puro" (isto é, no estado de Ser distinto de todos os elementos deste mundo), como temer que a mais banal, a mais absorvente ou a mais atraente ocupação nos força a afastar-nos dele? Repitamo-lo: em virtude da criação e, mais ainda, da Encarnação, *nada é profano*, aqui embaixo, para quem sabe ver. Pelo contrário, tudo é sagrado para quem distingue, em cada criatura, a parcela de ser eleito, submissa à atração do Cristo em via de consumação. Reconheçam, com a ajuda de Deus, a conexão, mesmo física e natural, que liga o trabalho de vocês à edificação do Reino celeste; vejam o próprio céu sorrir para vocês e atraí-los através das obras que vocês realizam; e vocês só terão, ao deixar a Igreja pela cidade barulhenta, o sentimento de continuar a imergir-se em Deus. Se o trabalho lhes parece insípido ou esgotante, refugiem-se no inesgotável e repousante interesse de progredir na vida divina. Se ele os apaixona, façam entrar na preferência de Deus, mais bem conhecido e desejado por vocês sob o véu de suas obras, o *élan* espiritual que a matéria lhes comunica. Jamais, em caso algum, "quer comam ou bebam", não consintam em fazer algo cuja significação e valor *in Christo Jesu* vocês não reconhecerem primeiro e, em seguida, não buscarem de maneira suprema. Isto não é somente uma lição qualquer de salvação: é, segundo o estado e a vocação de cada um, a própria via da santidade. Com efeito, o que é, para uma criatura, ser santa, senão aderir a Deus no máximo de suas potências? E o que é aderir a Deus no máximo de suas potências, senão exercer, no mundo organizado ao redor do Cristo, a função exata, humilde ou eminente, à qual por natureza e por sobrenatureza ela está destinada?

Vemos na Igreja todas as espécies de agrupamentos, cujos membros se apegam à prática perfeita de tal ou tal virtude particular: misericórdia, desapego, esplendor dos ritos, missões, contemplação. Por que não haveria também homens dedicados à tarefa de dar, por sua vida, o exemplo de santificação geral do esforço humano? Homens, cujo ideal religioso comum seria o de dar sua explicitação consciente completa às possibilidades ou às exigências divinas que encerra não importa qual ocupação terrestre? Homens, em uma palavra, que nos âmbitos do pensamento, da arte, da profissão, do comércio, da política, etc., se interessassem em fazer, com o espírito sublime que elas requerem, as obras fundamentais que são a ossatura mesma da sociedade humana? Ao redor de nós, os progressos "naturais", de que se alimenta a santidade de cada século novo, são mui frequentemente abandonados aos filhos do século, isto é, aos agnósticos e aos incrédulos. Inconsciente ou involuntariamente, sem dúvida, eles colaboram para o Reino de Deus e para a perfeição dos eleitos: os esforços deles, ultrapassando ou corrigindo as intenções inacabadas ou más, são recuperadas por Aquele "cuja energia é capaz de submeter tudo". Mas isto, evidentemente, é apenas o menor dos males, uma fase provisória na organização das atividades humanas. Desde as mãos que amassam a farinha até as que consagram o pão, a grande hóstia universal somente deveria ser preparada e manipulada com *adoração*.

Ah! Virá o tempo em que os homens, despertados para o sentido da estreita ligação que associa todos os movimentos deste mundo no único trabalho da Encarnação, não poderão entregar-se a qualquer de suas tarefas sem a iluminação desta visão distinta de que seu trabalho, por mais elementar que ele seja, é recebido e utilizado por um Centro divino do universo!

Naquele momento, na verdade, pouca coisa separará a vida dos claustros da vida do século. E, naquele momento, somente a ação dos filhos do Céu (ao mesmo tempo em que a ação dos filhos do século) terá alcançado a plenitude desejável de sua humanidade.

b) A humanização do esforço cristão

A grande objeção de nosso tempo contra o cristianismo, a verdadeira fonte de desconfianças que tornam estanques à influência da Igreja blocos inteiros da humanidade, não são precisamente dificuldades históricas ou teológicas. É a suspeita de que nossa religião *torna desumanos* os seus fiéis.

"O cristianismo – pensam, muitas vezes, os melhores entre os gentios – é mau ou inferior, porque ele não conduz seus adeptos para além, mas para fora e para a margem da humanidade. Ele os isola, em vez de misturá-los na massa. Ele os desinteressa, em lugar de aplicá-los à tarefa comum. Portanto, ele não os exalta, mas os diminui e os adultera. Afinal, não o confessam eles próprios? Quando, por acaso, um de seus religiosos, um de seus sacerdotes, se dedica às pesquisas ditas profanas, ele tem antes o cuidado de lembrar, o mais das vezes, que só se entrega às suas ocupações secundárias para acomodar-se a uma moda ou a uma ilusão, para mostrar que os cristãos não são os mais tolos dos seres humanos. Em suma, quando um católico trabalha conosco, temos sempre a impressão de que ele o faz sem sinceridade, por condescendência. Ele parece interessar-se. Mas, no fundo, em nome de sua religião, ele não crê no esforço humano. Seu coração não está mais conosco. O cristianismo cria desertores e falsos irmãos: é isto que nós não lhe podemos perdoar."

Esta objeção – mortal, se fosse verdadeira –, nós a colocamos na boca de um incrédulo. Mas ela não ecoa também aqui ou ali nas almas mais fiéis? A qual cristão não ocorreu, ao sentir uma espécie de isolante ou de vidraça que o separava de seus companheiros não crentes, a necessidade de perguntar-se com inquietude se ele não trilhava falsa rota e se ele não tinha efetivamente perdido o fio da grande corrente humana?

Pois bem, sem negar (por suas palavras mais do que por seus atos) que tais ou tais cristãos se expõem à censura de ser, senão "inimigos", pelo menos, de "estar cansados" do gênero humano, nós podemos afirmar, após o que foi dito mais acima sobre o valor sobrenatural do esforço terrestre, que esta atitude se deve, entre eles, a uma compreensão incompleta da religião, de maneira alguma à perfeição da religião.

Nós, os desertores? Nós, os céticos a respeito do futuro do mundo tangível? Nós, os desgostosos do trabalho humano? Ah! Como vocês nos conhecem pouco! Vocês suspeitam de que nós não participamos de suas ansiedades, de suas esperanças, de suas alegrias na penetração dos mistérios e na conquista das energias terrestres. "Estas emoções – dizem vocês – somente seriam partilhadas por aqueles que lutam juntos pela existência: ora, vocês, cristãos, fazem profissão de já estar salvos". Como se, para nós, tanto ou mais do que para vocês, não fosse uma questão de vida ou de morte que a Terra, mesmo em suas potências mais naturais, tivesse êxito! Para vocês (e justamente nisto vocês não são ainda bastante humanos, não vão *até o fim* de sua humanidade) o que está em jogo é somente o sucesso ou fracasso de uma realidade que, mesmo concebida sob traços de alguma super-humanidade, permanece vaga e precária. Para nós, o que está em jogo, em sentido verdadeiro, é o acabamento do próprio triunfo de um Deus. Uma coisa é infinitamente decepcionante, estou de acordo com vocês: é que, muito pouco conscientes das responsabilidades "divinas" de sua vida, muitos cristãos vivem como os outros homens, em um semiesforço, sem conhecer o aguilhão ou a embriaguez do Reino de Deus a promover a partir de todos os âmbitos humanos. Mas critiquem somente a nossa fraqueza. De acordo com a nossa fé, nós temos o direito e o dever de apaixonar-nos pelas coisas da Terra. Como vocês, e até melhor do que vocês (porque de nós dois, só eu posso prolongar ao infinito, de acordo com as buscas de meu presente querer, as perspectivas de meu esforço), eu quero dedicar-me de corpo e alma ao sagrado dever da pesquisa. Sondemos todas as muralhas. Tentemos todos os caminhos. Perscrutemos todos os abismos. *"Nihil intentatum"*... ("Nada foi tentado"...) Deus o quer, Ele que quis precisar disso. Você é homem? *"Plus et ego"* ("Eu mais ainda").

"Plus et ego." Não duvidemos disso. Neste tempo em que se desperta legitimamente, em uma humanidade prestes a tornar-se adulta, a consciência de sua força e de suas possibilidades, um dos primeiros deveres dos cristãos é mostrar, pela lógica de suas visões religiosas e, mais ainda, pela lógica de sua ação, que o Deus encarnado não veio diminuir em nós a magnífica responsabilidade nem a esplêndida ambição *de nos construirmos a nós mesmos*. Uma vez ainda: *"Non minuit, sed sacravit"* ("Não diminuiu, mas consagrou"). Não, o cristianismo não é, como muitas vezes se apresenta ou se pratica, uma carga suplementar de práticas e de obrigações que vem tornar ainda mais pesado, agravar o peso já tão pesado ou multiplicar os laços já tão paralisantes da vida social. Ele é, na verdade, uma alma potente, que dá uma significação, um encanto e uma leveza nova àquilo que nós já fazemos. Ele nos encaminha, é exato, em direção a cumes imprevistos. Mas a ladeira que conduz a eles está tão bem unida àquela que já subimos naturalmente que nada é mais definitivamente humano no cristão (é o que nos resta ver) do que seu próprio desapego.

6 O desapego pela ação

Tudo o que acabamos de dizer sobre a divinização *intrínseca* do esforço humano não parece discutível entre os cristãos, porque nós nos limitamos – para estabelecê-la – a tomar em seu justo rigor e a confrontar entre si as verdades teóricas ou práticas reconhecidas por todos.

Certos leitores, no entanto, sem encontrar um defeito preciso no nosso raciocínio, se sentirão talvez vagamente confusos ou inquietos diante de um ideal cristão, em que é dado um valor tão grande à preocupação do desenvolvimento humano e à busca de melhorias terrestres. Que eles procurem não esquecer que somente percorremos a metade do caminho que conduz à montanha da transfiguração. Nós nos ocupamos, até aqui, somente da porção ativa de nossas vidas. Em alguns instantes, quer dizer, no capítulo das passividades e das diminuições, veremos descobrirem-se mais amplamente os braços da cruz. Observemo-lo, no entanto. Na atitude tão otimista, tão ampliadora, cujos traços acabamos de esboçar, uma verdadeira e profunda renúncia está disseminada por toda parte. Aquele que se apega ao dever humano, seguindo a fórmula cristã, ainda que pudesse exteriormente parecer imerso nas preocupações da Terra, é, bem no fundo de si mesmo, um grande desapegado.

Em si, por natureza, o trabalho é um fator múltiplo de desapego para todos aqueles que dele se ocupam sem revolta, com fidelidade. Primeiramente, ele implica o esforço, a vitória sobre a inércia. Por mais interessante e espiritual que ele seja (poder-se-ia dizer, mais espiritual ele é), o trabalho é um doloroso parto. O homem somente escapa do terrível tédio do dever monótono e banal para fazer frente às ansiedades e à tensão interior da "criação". Criar ou organizar a partir da energia material, da verdade ou da beleza é um tormento interior que arrebata aquele que se expõe à vida pacífica e dobrada sobre si mesma, onde se aloja propriamente o vício do egoísmo e do apego. Não somente; para ser um bom operário da Terra, o homem deve abandonar primeiramente sua tranquilidade e seu repouso; mas ele precisa saber abandonar incessantemente, para obter formas melhores, as formas primeiras de sua profissão, de sua arte, de seu pensamento. Parar para desfrutar, para possuir, seria uma falta contra a ação. Mais ainda, ele precisa ultrapassar-se, arrancar-se de si mesmo, deixar a cada instante atrás de si os esboços mais amados. Ora, seguindo esta rota, que não é tão diferente – como pode parecer de início – da via real da cruz, o desapego não consiste simplesmente na substituição contínua de um objeto por outro da mesma ordem, como aos quilômetros, numa estrada plana, sucedem-se os quilômetros. Em virtude de uma maravilhosa potência ascendente, inclusive nas coisas (nós analisaremos mais detalhadamente, ao falarmos da "potência espiritual da matéria"), cada realidade esperada e ultrapassada nos faz chegar à descoberta e à procura de um ideal de qualidade espiritual mais alta. Para quem estende convenientemente sua vela ao sopro da Terra, manifestam-se uma corrente que força a tomar sempre o mais alto-mar. Quanto mais um homem deseja e age nobremente, mais ele se torna ávido de objetos maiores e sublimes a perseguir. Só a família, só o país, só o lado remunerador de sua ação muito cedo não lhe são mais suficientes. Ele precisará de organizações gerais a criar, de vias novas a abrir, de causas a sustentar, de verdades a descobrir, de um ideal a nutrir e a defender. Assim, pouco a pouco, o operário da Terra não se pertence mais a si próprio. Pouco a pouco, o grande sopro do universo, insinuado nele pela fissura de uma ação humilde, mas fiel, o dilatou, o ergueu, o arrebatou.

Para o cristão, contanto que ele saiba tirar partido dos recursos de sua fé, estes efeitos atingem seu paroxismo e seu coroamento. Nós já o vimos: do ponto de vista da realidade, da precisão, do esplendor do termo último que nós devemos viver pelo menor de nossos atos, nós somos – nós, discípulos de Cristo – os mais afortunados dos homens. O cristão reconhece-se como função de divinizar o mundo em Jesus Cristo. Para ele, então, o processo natural que impele a ação humana de ideal em ideal, na direção de objetos cada vez mais consistentes e universais, chega, graças ao apoio da Revelação, ao seu completo desabrochamento. Para ele, por conseguinte, o desapego pela ação deve obter o máximo de sua eficácia.

E isto é perfeitamente verdadeiro. Tal como nós concebemos nestas páginas, o cristão é, ao mesmo tempo, o mais apegado e o mais desapegado dos seres humanos. Convencido, mais do que qualquer outro "mundano", do valor e do interesse insondáveis que se escondem sob o menor dos êxitos terrestres, ele está persuadido, ao mesmo tempo – também mais do que qualquer anacoreta –, do nada de todo sucesso, se nós o encararmos simplesmente como um lucro individual (ou mesmo universal) fora de Deus. É Deus – e somente Deus – que ele busca através da realidade das criaturas. Para ele, o interesse está verdadeiramente *nas* coisas, mas em absoluta dependência da presença de Deus nelas. A luz celeste torna-se tangível e atingível para ele no cristal dos seres; mas ele só vê a luz; e, se a luz se apaga, porque o objeto está deslocado, ultrapassado, ou se desloca, a mais preciosa substância não se torna a seus olhos mais do que cinza. Deste modo, até em si mesmo e nos desenvolvimentos mais pessoais que ele adquire, não é a si mesmo que ele busca, mas o Maior do que ele próprio, ao qual ele se reconhece destinado. Na verdade, aos seus próprios olhos, ele não conta mais; ele não existe mais; ele se esqueceu de si e se perdeu no próprio esforço que o aperfeiçoa. Não é mais o átomo que vive, é o universo que vive nele.

Não somente ele encontrou a Deus no âmbito inteiro de suas atividades tangíveis. Mas, no curso desta primeira fase de seu desenvolvimento espiritual, o Meio Divino descoberto absorve suas potências na proporção mesma em que elas conquistam mais laboriosamente a sua individualidade.

Parte II
A divinização das passividades

Ao mesmo tempo em que o homem, pelo próprio desenvolvimento de suas potências, é conduzido a descobrir as metas cada vez mais vastas e elevadas para a sua ação, ele tende a ser dominado pelo objeto de suas conquistas; e, como Jacó em seu corpo a corpo com o anjo, ele acaba por adorar aquele contra o qual lutava. A grandeza que ele desvelou e desencadeou o subjuga. E então, de acordo com sua natureza de elemento, ele é levado a reconhecer que, no ato definitivo que deve reuni-lo ao Todo, os dois termos da união são desmesuradamente desiguais. Ele, o menor, tem a receber mais do que a dar. Ele se encontra possuído por aquele de quem ele acreditava ter-se apoderado.

O cristão, sendo o primeiro e o mais humano dos homens, está submisso, mais do qualquer outra pessoa, a esta reversão psicológica que funde insensivelmente, em toda a criatura inteligente, a alegria de agir em desejo de padecer, a exaltação de realizar-se a si mesmo no ardor de morrer em um outro. Talvez após ter sido sensível, sobretudo, aos encantos da união com Deus pela ação, ele comece a conceber e a desejar uma face complementar, uma fase ulterior, à sua comunhão: aquela, na qual ele, permanecendo em si mesmo, se desenvolveria menos do que se ele se perdesse em Deus.

Ele não tem que procurar muito longe de si as possibilidades e a realização deste acabamento no dom. Elas lhe são apresentadas a cada instante. Elas o cercam – seria necessário dizer – por toda a extensão e profundidade das sujeições sem número que fazem de nós os servidores, muito mais do que os mestres, do universo.

Examinemos – chegou o momento – o número, a natureza e a divinização possível de nossas passividades.

1 Extensão, profundidade e formas diversas das passividades humanas

As passividades – nós o recordamos ao iniciarmos este estudo – constituem a metade da existência humana. Esta expressão quer dizer, bem ingenuamente, que aquilo que não é operado em nós é, por definição, sofrido, experimentado. Mas ela não prejulga nada a respeito das proporções, segundo as quais ação e paixão dividem entre si nosso âmbito interior. De fato, as duas partes, a ativa e a passiva, de nossas vidas são extraordinariamente desiguais. Nas nossas perspectivas, a primeira ocupa o primeiro lugar, porque ela nos é mais agradável e mais perceptível. Mas, na realidade das coisas, a segunda é, sem medida, a mais extensa e a mais profunda.

As passividades, primeiramente, acompanham constantemente nossas operações conscientes a título de reações que dirigem, sustentam ou se opõem aos nossos esforços. E, unicamente por sua própria conta, elas duplicam necessária e exatamente a extensão de nossa atividade. Mas sua área de influência se estende muito além destes estreitos limites. Se nós prestarmos atenção, de fato, nós nos aperceberemos, com uma espécie de medo, de que só emergimos na reflexão e na liberdade pela fina ponta de nós mesmos. Nós nos conhecemos e nos dirigimos, mas dentro de um raio incrivelmente frágil. Imediatamente além daí, começa uma noite impenetrável e, no entanto, carregada de presenças, a noite de tudo o que está em nós e ao redor de nós, sem nós e apesar de nós. Nesta escuridão tão vasta, rica, turva e complexa como o passado e o presente do universo, nós não somos inertes; nós reagimos, porque sofremos. Mas esta mesma reação que se opera sem nosso controle, por um prolongamento desconhecido de nosso ser, faz ainda parte, humanamente falando, de nossas passividades. Na verdade, a partir de certa distância, tudo é negro, e, no entanto, tudo é cheio de seres ao redor de nós. Eis aí as trevas, pesadas de promessas e de ameaças, as quais o cristão precisa iluminar e animar com a presença divina.

No meio das energias confusas, que povoam esta noite que se move, unicamente nosso aparecimento determina imediatamente a formação de dois grupos que nos abordam e que requerem ser tratados segundo modos bem diferentes. De um lado, as forças amigas e favoráveis que sustentam nosso esforço e nos dirigem para o sucesso: são "as passividades de crescimento". De outro lado, as potências inimigas que interferem penosamente em nossas tendências, tornam pesada ou desviam nossa marcha em direção ao mais-ser, reduzem nossas capacidades reais ou aparentes de desenvolvimento: são "as passividades de diminuição".

Enfrentemos sucessivamente umas e outras; e olhemo-las direto no rosto até que, bem no fundo de seus olhos – sedutores, inexpressivos ou hostis –, possamos ver iluminar-se o bendito olhar de Deus.

2 As passividades de crescimento e as duas mãos de Deus

Parece-nos tão natural crescer que, habitualmente, não sonhamos em distinguir de nossa ação as potências que a alimentam nem as circunstâncias que favorecem seu êxito. E, no entanto, *"quid habes quod non accepisti?"* (o que tens que não tenhas recebido primeiramente?). Tanto quanto a morte, senão mais, nós sofremos a vida.

Penetremos no mais secreto de nós mesmos. Façamos um giro por nosso ser. Procuremos lentamente perceber o oceano de forças que sofremos, nas quais nosso crescimento é como que banhado. Há aí um exercício salutar: a profundidade e a universalidade de nossas dependências farão a intimidade envolvente de nossa comunhão.

Então, pela primeira vez talvez de minha vida (eu, que supostamente devo meditar todos os dias!), eu tomei a lâmpada e, deixando a área aparentemente clara de minhas ocupações e de minhas relações de cada dia, desci ao mais íntimo de mim mesmo, ao abismo profundo de onde eu sinto que emana confusamente meu poder de ação. Ora, à medida que eu me distanciava das evidências convencionais, pelas quais é superficialmente iluminada a vida social, eu me dei conta de que eu me escapava de mim mesmo. A cada passo descido, um outro personagem se revelava em mim, cujo nome exato eu não podia dizer, e que não me obedecia mais. E quando precisei interromper minha exploração, porque me faltava chão sob meus passos, havia aos meus pés um abismo sem fundo de onde saía, vindo não sei de onde, a onda que ouso chamar de *minha* vida.

Qual ciência poderá um dia revelar ao homem a origem, a natureza, o regime da potência consciente de querer e de amar da qual é feita sua vida? Não é nosso esforço, certamente, nem o esforço de ninguém ao redor de nós que lançou esta corrente. Não é absolutamente a nossa preocupação nem a de algum amigo, que providencia para que ela diminua, ou que lhe administra a efervescência. Podemos antes traçar progressivamente, ao longo das gerações, os antecedentes parciais da torrente que nos ergue. Nós podemos ainda, por certas disciplinas ou por certos excitantes, físicos ou morais, regular ou aumentar o orifício por onde ela escapa em nós. Mas nem por esta geografia nem por estes artifícios nós chegamos – nem em pensamento nem na prática – a captar as fontes da vida. Eu me recebo muito mais do que me faço. O homem, diz a Escritura, não pode acrescentar uma polegada à sua estatura. Menos ainda ele pode aumentar em uma unidade sua capacidade de amar, nem acelerar em uma unidade sequer o ritmo fundamental que regula a maturação de seu espírito e de seu coração. Em última instância, a vida profunda, a vida fontal, a vida nascente nos escapam de maneira absoluta.

Então, totalmente possuído por minha descoberta, eu quis subir à luz, esquecer o inquietante enigma no confortável convívio das coisas familiares, recomeçar a viver na superfície, sem sondar imprudentemente os abismos. Mas eis que, sob o espetáculo mesmo das agitações humanas, vi aparecer de novo, aos meus olhos prevenidos, o Desconhecido, do qual eu queria escapar. Desta vez, ele não se escondia no fundo de um abismo: ele se dissimulava agora sob a multidão de acasos entrecruzados de que é fiado o tecido do universo e de minha pequena individualidade. Mas era o mesmo mistério: eu o reconheci. Nosso espírito se perturba quando procuramos medir a profundidade do mundo abaixo de nós. Mas ele vacila também quando procuramos enumerar as chances favoráveis, cuja confluência faz, a cada instante, a conservação e o êxito do menor dos viventes. Após a consciência de ser um outro – e um outro maior do que eu –, uma segunda coisa me deu vertigem; é a suprema improbabilidade, a formidável inverossimilhança de encontrar-me, existindo, no seio de um mundo bem-sucedido.

Neste momento, como qualquer um que quiser fazer a mesma experiência interior, eu senti pairar sobre mim a angústia essencial do átomo perdido no universo, a angústia que faz, dia após dia, soçobrar as vontades humanas sob o número acabrunhador dos seres viventes e dos astros. E, se alguma coisa me salvou, esta foi entender a palavra do Evangelho – garantida por sucessos divinos –, que me dizia do mais fundo da noite: *"Ego sum, noli timere"* ("sou eu, não temas").

Sim, meu Deus, eu o creio: e com maior razão eu creria de bom grado que não está em jogo somente o meu apaziguamento, mas o meu acabamento: sois Vós que estais na origem do *élan* e no termo da atração; e eu não faço outra coisa, enquanto durar a minha vida, do que seguir ou favorecer a primeira impulsão e os desenvolvimentos deste *élan* e desta atração. E sois Vós também que vivificais para mim, pela vossa onipresença (melhor ainda do que meu espírito faz com a matéria que o anima), as miríades de influências, de que sou a cada instante o objeto. Na vida que surge em mim e nesta matéria que me dá suporte, eu encontro melhor ainda do que vossos dons: sois Vós mesmo que eu encontro, Vós que me fazeis participar de vosso ser e que me modelais. Na verdade, na regulação e modulação inicial de minha força vital, no jogo favoravelmente contínuo das causas segundas, eu toco, o mais proximamente possível, as duas faces de vossa ação criadora; eu encontro e beijo vossas duas mãos maravilhosas: a que agarra tão profundamente que ela se confunde, em nós, com as fontes da vida, e a que abraça tão amplamente que, sob a menor de suas pressões, todas as molas do universo se dobram harmoniosamente ao mesmo tempo. Por sua própria natureza, estas bem-aventuradas passividades, que são para mim a vontade de ser, o desejo de ser isto ou aquilo e a oportunidade de realizar-me como eu quero, são carregadas de vossa influência, uma influência que logo se me manifestará mais distintamente como a energia organizadora do Corpo místico. Para comungar convosco nelas, numa comunhão fontal (a comunhão com as fontes da vida), eu só tenho que reconhecer-vos nelas e pedir-vos para estejais nelas cada vez mais.

Vós, cujo apelo precede o primeiro de nossos movimentos, concedei-me, meu Deus, o desejo de querer o ser, a fim de que, por esta própria sede divina, que Vós me destes, abra-se amplamente em mim o acesso das grandes águas. O sabor sagrado do ser, esta energia primordial, este primeiro de nossos pontos de apoio, não os retireis de mim: "*Spiritu principali confirma me*". E Vós ainda, cuja sabedoria amorosa me forma a partir de todas as forças e de todos os acasos da Terra, dai-me esboçar um gesto, cuja eficácia plena se me manifestará diante das potências de diminuição e de morte, fazei com que, após ter desejado, eu creia, eu creia ardentemente, eu creia sobre todas as coisas em vossa presença ativa.

Graças a Vós, esta espera e esta fé já estão cheias de virtude operante. Mas, como eu me sentiria, para testemunhar-vos e para provar-me a mim mesmo, através de um esforço exterior, que não sou daqueles que dizem simplesmente com os lábios: "Senhor, Senhor"? Eu colaboraria com vossa delicada ação e o faria duplamente. À vossa inspiração profunda, primeiramente, que me manda ser, eu responderia pelo cuidado de nunca sufocar nem desviar nem dissipar minha potência de amar e de agir. E, em seguida, à vossa providência envolvente que me indica a cada instante, pelos acontecimentos do dia, o passo seguinte a dar e o degrau a escalar, eu me apegaria com o cuidado de não deixar escapar ocasião alguma de subir "em direção ao Espírito".

Cada uma de nossas vidas é como que trançada por estes dois fios: o fio do desenvolvimento interior, segundo o qual se formam gradualmente nossas ideias, nossas afeições, nossas atitudes humanas e místicas; e o fio do êxito exterior, segundo o qual nós nos encontramos, a cada momento, no ponto preciso, para onde convergirá o conjunto das forças do universo, para produzir em nós o efeito esperado por Deus.

Meu Deus, para que me encontreis, em todos os minutos, tal como Vós me desejais, no lugar em que me esperais, isto é, para que vos apodereis plenamente de mim – dentro e fora de mim mesmo – fazei com que eu jamais rompa este duplo fio de minha vida.

3 As passividades de diminuição[3]

Aderir a Deus escondido sob as potências internas e externas que animam nosso ser e o suportam em seu desenvolvimento é finalmente abrir-se e entregar-se a todos os sopros da vida. Nós respondemos e "comungamos" com nossas passividades de crescimento através de nossa fidelidade ao agir. Assim, nos encontramos conduzidos, pelo desejo de experimentar a Deus, ao amável dever de crescer.

Chegou o momento de sondar o lado decididamente negativo de nossas existências, aquele em que nosso olhar, por mais longe que o procure, não discerne mais qualquer resultado feliz, qualquer termo sólido ao que nos acontece. Parece-nos fácil compreender que Deus seja apreensível em e através de toda vida. Mas Deus pode encontrar-se também dentro e através de toda morte? Eis o que nos desconcerta. E eis aí, no entanto, o que é necessário chegar a reconhecer, de um ponto de vista habitual e prático, sob

---

[3]. Se nós, ocupando-nos aqui do mal, não falamos explicitamente do pecado, é porque o objeto destas páginas é unicamente o de mostrar como todas as coisas podem ajudar o fiel a unir-se a Deus; não teríamos que nos ocupar diretamente daquilo que é ato mau, isto é, gesto positivo de desunião. O pecado somente nos interessa aqui pelos enfraquecimentos, pelos desvios que deixam em nós as faltas pessoais (mesmo choradas), ou, antes ainda, pelas penas e pelos escândalos que nos infligem as faltas de alguém. Ora, deste ponto de vista, ele nos faz sofrer; e ele pode ser transformado, da mesma forma que outras dores. Eis por que o mal físico e o mal moral são colocados aqui, quase sem distinção, no mesmo capítulo das passividades de diminuição [N.A.].

pena de ficar cego, o que há de mais especificamente cristão nas perspectivas cristãs; e sob pena também de escapar do contato divino por um dos aspectos mais amplos e mais receptivos de nossa vida.

As potências de diminuição são nossas verdadeiras passividades. Seu número é imenso, suas formas são infinitamente variadas, sua influência é contínua. Para fixar nossas ideias e dirigir nossa meditação, faremos aqui duas partes, que correspondem às duas formas sob as quais já se nos apresentaram as forças de crescimento: as diminuições de *origem interna* e as de *origem externa*.

As passividades externas de diminuição são todas as nossas más chances. Sigamos em pensamento o curso de nossa vida: nós as veremos surgir de todas as partes. Eis aí a barreira que faz parar ou a muralha que limita. Eis a pedra que faz desviar ou o obstáculo que rompe. Eis aí o micróbio ou a palavra imperceptível pelo qual o corpo é morto ou o espírito é infectado. Incidentes e acidentes de todas as gravidades e de todas as espécies, bem como de interferências dolorosas (penúria, choques, amputações, mortes, etc.) entre o mundo das "outras" coisas e o mundo que irradia a partir de nós. E, no entanto, quando o granizo, o fogo, os bandidos tinham tirado de Jó todas as suas riquezas e toda a sua família, satanás pôde dizer a Deus: "Vida por vida, o homem resigna-se a perder tudo, contanto que salve sua pele. Tocai apenas no corpo de vosso servo, e vereis se ele vos há de bendizer". É pouco, em certo sentido, que as coisas nos escapem, porque podemos sempre imaginar que elas voltarão. O terrível, para nós, é perdermos as coisas por meio de uma diminuição interior e irreversível.

Humanamente falando, as passividades internas de diminuição formam o resíduo mais negro e o mais desesperadamente inutilizável de nossos anos. Umas nos espreitaram e nos agarraram no momento do nosso primeiro despertar: defeitos naturais, inferioridades físicas, intelectuais ou morais, pelas quais se encontrou impiedosamente limitado, desde o nascimento e por toda a vida, o campo de nossa atividade, de nossos prazeres e de nossa visão. As outras nos esperaram até mais tarde, brutais como um acidente, dissimuladas como uma doença. Todos nós, um dia ou outro, já tomamos ou ainda tomaremos consciência de que qualquer um desses processos de desorganização se instalou no próprio coração de nossa vida. Ora são as células do corpo que se revoltam ou se corrompem; ora são os próprios elementos de nossa personalidade que parecem desafinar ou emancipar-se. E então nós assistimos, impotentes, ao abatimento, às rebeliões, às tiranias interiores, exatamente lá onde uma influência amiga não pode vir socorrer-nos. De um lado, se nós, por acaso, conseguimos evitar, de uma maneira mais ou menos completa, as formas críticas destas invasões que vêm matar irresistivelmente, no fundo de nós mesmos, a força, a luz ou o amor de que vivemos, de outro lado, a idade, a velhice que, de instante em instante, arrancam-nos de nós mesmos para nos empurrar para o fim são uma alteração lenta e essencial, da qual não poderíamos escapar. Tempo que retarda a posse, tempo que arranca ao prazer, tempo que faz de todos nós os condenados à morte: formidável passividade que o escoamento do tempo...

Na morte, como em um oceano, vêm confluir nossas bruscas ou graduais diminuições. A morte é o resumo e a consumação de todas as nossas diminuições: ela é *o mal* – simplesmente físico, à medida que ela resulta organicamente da pluralidade material em que somos imersos –, mas é mal moral também, pelo tanto que esta pluralidade desordenada, fonte de todo choque e de toda corrupção, é gerada, na sociedade ou em nós mesmos, pelo mau uso de nossa liberdade.

Superemos a morte, descobrindo Deus nela. E o Divino encontrar-se-á, ao mesmo tempo, instalado no coração de nós mesmos, no último recanto que parecia poder escapar dele.

Aqui, como no caso da "divinização" de nossas atividades humanas, nós encontraremos a fé cristã absolutamente formal em suas afirmações e em sua prática. O Cristo venceu a morte, não somente reprimindo seus malefícios, mas desviando seu aguilhão. Pela virtude da ressurreição, nada mais mata necessariamente, mas tudo é capaz de tornar-se, em nossas vidas, o bendito contato das mãos divinas, a bendita influência da vontade de Deus. A todo instante, por mais comprometida por nossas faltas ou por mais desesperada pelas circunstâncias que seja a nossa situação, nós podemos, em uma completa restauração, reajustar o mundo ao redor de nós e retomar favoravelmente nossa vida. *"Diligentibus Deum omnia convertuntur in bonum"* ("Para os que amam a Deus, tudo se converte em bem"). Este é o fato que domina toda explicação e toda discussão.

Mas aqui também, como quando se tratava de salvar o valor do esforço humano, nosso espírito quer justificar para si mesmo suas esperanças, a fim de melhor abandonar-se a elas.

"Quomodo fiet istud?" ("Como se realizará isto?"). Quanto mais a atitude cristã frente ao mal se presta a terríveis desprezos, tanto mais necessária é esta busca. Uma falsa interpretação da resignação cristã é, com uma falsa ideia do desapego cristão, a principal fonte das antipatias que fazem com que o Evangelho seja tão lealmente odiado por um grande número de gentios.

Nós nos perguntamos como e sob que condições nossas mortes aparentes, quer dizer, as perdas de nossa existência, podem ser integradas no estabelecimento, em volta de nós, do Reino de Deus e do Meio Divino. Ele nos servirá, por isso, para distinguir pelo pensamento duas fases ou dois tempos no processo que conduz à transfiguração de nossas diminuições. O primeiro destes tempos é o da luta contra o mal. O segundo é o da derrota e de sua transfiguração.

a) A luta com Deus contra o mal

Quando o cristão sofre, ele diz: "Deus me tocou". Esta palavra é excelentemente verdadeira. Mas ela resume, em sua simplicidade, uma série complexa de operações, ao *termo das quais somente* ela tem o direito de ser pronunciada. Se nós tentarmos separar, na história de nossos encontros com o mal, aquilo que os escolásticos chamam de "instantes de natureza", é-nos necessário dizer, pelo contrário, para começar: "Deus deseja libertar-me desta diminuição, Ele quer que eu o ajude a afastar de mim este cálice". Lutar contra o mal, reduzir o mal ao mínimo (mesmo o mal simplesmente físico) que nos ameaça, este é indubitavelmente o primeiro gesto de nosso Pai que está nos céus; sob uma outra forma, ser-nos-ia impossível concebê-lo e, ainda mais, amá-lo.

Sim, esta é uma visão exata – e uma visão estritamente evangélica – das coisas, tanto quanto a de se representar a Providência como atenta, no correr das idades, para poupar as feridas do mundo e para curar suas chagas. Verdadeiramente, é Deus quem suscita, ao longo dos séculos, em conformidade com o ritmo geral do progresso, os grandes benfeitores e os grandes médicos. É Ele quem anima, mesmo entre os mais incrédulos, a pesquisa de tudo aquilo que alivia e de tudo aquilo que cura. Os homens, cujos ódios se pacificam e cujas objeções se desfazem aos pés de cada libertador de seu corpo ou de seu espírito, não reconhecem instintivamente esta presença divina? Não duvidemos disso. À primeira aproximação das diminuições, nós não poderíamos encontrar Deus de outra maneira que detestando aquilo que se precipita sobre nós e fazendo nosso possível para dele nos esquivarmos. Quanto mais repelimos o sofrimento, neste momento, de todo o nosso coração e com toda a nossa força[4], tanto mais nos aderimos, então, ao coração e à ação de Deus.

b) Nossa derrota aparente e sua transfiguração

Tendo Deus como aliado, nós estamos assegurados de sempre salvar nossa alma. Mas nada nos garante, nós o sabemos muito bem, que evitaremos sempre a dor, nem mesmo certos fracassos interiores, pelos quais podemos imaginar que nossa vida tenha falhado. Todos nós, em todo caso, envelheceremos e morreremos. Isto quer dizer que, a qualquer momento, por mais bela que seja nossa resistência, sentimos o aperto das forças que nos diminuem – contra as quais lutamos – dominar pouco a pouco nossas potências de vida e nos devolver à terra, fisicamente vencidos. Como, se Deus combate conosco, podemos ser vencidos? Ou: o que significa esta derrota?

O problema do mal, isto é, a conciliação de nossas quedas, mesmo simplesmente físicas, com a bondade e a potência criadoras, permanecerá sempre, para nossos espíritos e nossos corações, um dos mistérios mais perturbadores do universo. Para serem compreendidas, as dores da criatura (tudo como a pena do condenado) suporiam entre nós uma apreciação da natureza e do valor do "ser partici-

---

4. Sem revolta e sem amargura, certamente, mas com uma *tendência antecipada* à aceitação e à resignação final. Evidentemente, é difícil separar os dois "instantes de natureza", sem deformá-los um pouco na descrição. Observemo-lo: a necessidade deste período inicial de resistência ao mal é evidente, e todo mundo o admite. O fracasso que provém da preguiça, a doença contraída por imprudência injustificada, etc., não poderiam ser atribuídos, por ninguém, como sendo *imediatamente* a vontade de Deus [N.A.].

pado", apreciação que não podemos ter, por falta de ponto de comparação. No entanto, entrevemos o seguinte: de um lado, a obra empreendida por Deus, de que os seres criados se unam intimamente, supõe entre estes uma lenta preparação, no curso da qual (*já existentes, mas ainda não acabados*) eles não podem escapar, por natureza, dos riscos (agravados por uma queda original) que a imperfeita organização do Múltiplo neles e ao redor deles ocasiona; de outro lado, visto que a vitória definitiva do bem sobre o mal não pode realizar-se a não ser na organização *total* do mundo, nossas vidas individuais, infinitamente curtas, não poderiam beneficiar-se, aqui embaixo, do acesso à Terra prometida. Nós nos assemelhamos àqueles soldados que tombam durante o combate, do qual sairá a paz. Deus, portanto, não é vencido, uma primeira vez, em nossa derrota, porque, se parecemos sucumbir individualmente, o mundo, no qual reviveremos, triunfa através de nossas mortes.

Mas este primeiro aspecto de sua vitória, suficiente para assegurar a onipotência de seu braço, se completa por uma outra manifestação, mais direta talvez – em todo caso mais imediatamente palpável por cada um de nós – de seu domínio universal. Deus não pode, em virtude mesma de suas perfeições[5], fazer com que os elementos de um mundo em via de crescimento – ou quando menos de um mundo caído em via de reerguimento – escapem dos choques e das diminuições, até mesmo morais: "*necesse est enim ut veniant scandala*" ("Pois é necessário que aconteçam os escândalos"). Pois bem, ele se recuperará – ele se vingará, se se pode dizer –, fazendo servir a um bem superior de seus

---

5. Porque suas perfeições não poderiam ir contra a natureza das coisas e porque a natureza de um mundo supostamente em vias de aperfeiçoamento ou "em restauração" é justamente a de ser ele ainda parcialmente desordenado. Um mundo, que não apresentasse mais vestígio ou ameaça de mal, seria um mundo já consumado [N.A.].

fiéis o próprio mal que o estado atual da criação não lhe permite suprimir imediatamente. Semelhante a um artista que saberia aproveitar-se de um defeito ou de uma impureza para tirar da pedra que ele esculpe, ou do bronze que ele funde, as linhas mais delicadas ou um som mais belo, Deus, *visto que nós nos confiamos amorosamente a Ele*, sem descartar de nós as mortes parciais nem a morte final, que fazem essencialmente parte de nossa vida, as transfigura, integrando-as em um plano melhor. E a esta transformação são admitidos não somente nossos males inevitáveis, mas também nossas faltas, mesmo as mais voluntárias, unicamente sob a condição de as chorarmos. Para aqueles que buscam a Deus, nada é imediatamente bom, mas tudo é susceptível de tornar-se bom: *"Omnia convertuntur in bonum"* ("Tudo se converte em bem")[6].

Seguindo qual processo, por meio de quais fases, Deus opera esta maravilhosa transformação de nossas mortes em uma vida melhor? Por analogia com aquilo que nós próprios podemos realizar e pela reflexão sobre aquilo que sempre tem sido a atitude e o ensinamento da Igreja diante do sofrimento humano, é permitido tentar conjeturar um pouco.

Segundo três modos principais – poder-se-ia dizer –, a Providência converte, para aqueles que nele creem, o mal em bem.

Primeiramente, o fracasso que nós tivermos sofrido desviará nossa atividade para objetos ou em direção a planos mais favoráveis, ainda que sempre situados no nível do êxito humano que nós perseguimos. Jó nos é representado como aquele cuja felicidade nova ultrapassou a antiga.

---

6. Para os efeitos mais "miraculosos" da fé, ver o que dizemos mais abaixo (p. 110). Evidentemente, nós não procuramos dar aqui uma teoria geral da oração [N.A.].

Em segundo lugar, em outras ocasiões – e muito frequentemente –, a perda que nos aflige nos forçará a buscar, em um âmbito menos material, a salvo dos vermes e da ferrugem, a satisfação de nossos desejos frustrados. A história dos santos – e de modo mais geral a de todos os personagens notáveis por sua inteligência ou por sua bondade – está cheia destes casos, em que vemos o homem sair engrandecido, temperado, renovado, de uma prova ou mesmo de uma queda, que pareciam dever diminuí-los ou abatê-los para sempre. O insucesso, então, desempenha para nós o papel do leme de profundidade (como o do avião), ou ainda, se se prefere, o da tesoura de podar para a planta. Ele canaliza nossa seiva interior, resgata os "componentes" mais puros de nosso ser, de maneira a fazer-nos jorrar mais diretamente para o alto. A queda, mesmo moral, transforma-se assim em um êxito que, por mais espiritual que ele seja, permanece ainda um êxito *experimentalmente* sentido. Diante de Santo Agostinho, ou de Santa Madalena, ou de Santa Liduína, ninguém hesita em pensar: "*Felix dolor*" ("feliz dor") ou "*Felix culpa*" ("feliz culpa"). De tal modo que, até neste ponto, nós continuamos a "compreender" a providência.

Em terceiro lugar, existem casos mais difíceis (e são precisamente os mais ordinários), em que nossa sabedoria está inteiramente desconcertada. A cada instante, nós observamos, em nós e ao redor de nós, que vantagem alguma destas diminuições, em um plano perceptível, parece compensar: desaparecimentos prematuros, acidentes estúpidos, enfraquecimentos que atingem as áreas mais altas do ser. Sob semelhantes golpes, o homem não se reergue em nenhuma direção apreciável, mas desaparece ou permanece tristemente diminuído. Como pode ser que estas mesmas reduções sem compensação, que são a morte naquilo que ela tem de precisamente mortal, se tornem para nós um bem? É aqui que se manifesta, no âmbito de nossas diminuições, o terceiro modo da ação da Providência, o mais eficaz e o mais santificante.

Deus já havia transfigurado nossos sofrimentos, fazendo-os servir ao nosso acabamento. Entre suas mãos, as forças diminuidoras haviam-se tornado, de uma maneira perceptível, o instrumento que talha, que esculpe, que pule em nós a pedra destinada a ocupar um lugar preciso na Jerusalém celeste. Ela vai fazer melhor ainda, porque, pelo efeito de sua onipotência que desce sobre a nossa fé, os acontecimentos que somente se manifestam experimentalmente em nossa vida como puros fracassos vão tornar-se fator imediato da união que nós sonhamos estabelecer com Ele.

Unir-se é, em todos os casos, emigrar e morrer parcialmente naquilo que a gente ama. Mas, se esta aniquilação no Outro será tão mais completa quanto mais nos ligamos ao Maior do que nós – como disto estamos persuadidos –, qual não deve ser o desarraigamento requerido para nossa assimilação em Deus? Sem dúvida, a destruição progressiva de nosso egoísmo pela ampliação "automática" (analisada mais acima, à p. 38-39) das perspectivas humanas e, unida a esta, a espiritualização gradual de nossos gostos e de nossas ambições sob a ação de certos dissabores, são formas muito reais do êxtase que deve arrebatar-nos para subordinar-nos a Deus. No entanto, o efeito deste primeiro desapego não é ainda o de levar o centro de nossa personalidade aos últimos limites de nós mesmos. Chegados a este ponto, nós podemos ter a impressão de possuir-nos no grau supremo, mais livres e mais ativos como nunca. Ainda não superamos o ponto crítico de nossa descentralização, de nossa reviravolta em Deus. É necessário dar um passo a mais: aquele que nos fará *perder totalmente o pé a nós mesmos* – "*Illum oportet crescere, me autem minui*" ("É necessário que ele cresça e que eu diminua"). Ainda não estamos perdidos. Qual haverá de ser o agente desta transformação definitiva? Precisamente a morte.

Em si, a morte é uma incurável fraqueza dos seres corporais, complicada, em nosso mundo, pela influência de uma queda original. Ela é o tipo e o resumo destas diminuições, contra as quais precisamos lutar, sem poder esperar do combate uma vitória pessoal direta e imediata. Então, o grande triunfo do Criador e do Redentor, nas nossas perspectivas cristãs, é o de ter transformado em fator essencial de vivificação aquilo que, em si, é uma potência universal de diminuição e de desaparecimento. Deus deve, de alguma maneira, a fim de penetrar definitivamente em nós, cavar-nos, esvaziar-nos, fazer para si um lugar. Ele precisa, para assimilar-nos nele, retocar-nos, refundir-nos, quebrar as moléculas de nosso ser. A morte é encarregada de praticar, até o fundo de nós mesmos, esta abertura desejada. Ela nos fará sofrer a dissociação esperada e nos colocará no estado organicamente requerido para que se precipite sobre nós o fogo divino. E, assim, seu nefasto poder de decompor e de dissolver se encontrará captado pela mais sublime das operações da vida. Aquilo que por natureza era vácuo, lacuna, retorno à pluralidade, pode tornar-se, em cada existência humana, plenitude e unidade em Deus.

c) A comunhão pela diminuição

Meu Deus, era-me doce, no meio do esforço, sentir que, desenvolvendo-me a mim mesmo, eu aumentava a posse que vós exercíeis sobre mim; era-me doce ainda, sob o impulso interior da vida ou entre o jogo favorável dos acontecimentos, abandonar-me à vossa Providência. Fazei com que, após ter descoberto a alegria de utilizar todo o crescimento para vos fazer ou para vos deixar crescer em mim, que eu tenha acesso sem perturbação a esta última fase da comunhão, no curso da qual eu vos possuirei, diminuindo-me em vós.

Após ter-vos percebido como Aquele que É um "mais eu mesmo", fazei com que, *tendo chegado minha hora*, eu vos reconheça sob as espécies de cada potência, estranha ou inimiga, que parecerá querer destruir-me ou suplantar-me. Quando em meu corpo (e muito mais em meu espírito) começar a manifestar-se a usura da idade; quando se precipitar sobre mim, de fora, ou nascer em mim, de dentro, o mal que diminui ou vence; no minuto doloroso em que eu repentinamente tomar consciência de que estou doente ou de que me torno velho; sobretudo naquele momento último em que eu sentir que me escapo a mim mesmo, absolutamente passivo nas mãos das grandes forças desconhecidas que me formaram; em todas as horas sombrias, concedei-me, meu Deus, compreender que sois Vós (contanto que minha fé seja bastante grande) que abris dolorosamente as fibras de meu ser para penetrar até as medulas de minha substância, para arrebatar-me em Vós.

Sim, quanto mais o mal está incrustado e incurável no fundo de minha carne, tanto mais pode ser a Vós que eu abrigo, como um princípio que ama, ativo, princípio de purificação e de desapego. Quanto mais o futuro se abre diante de mim como uma fenda vertiginosa ou como uma passagem escura, tanto mais – se, apoiado em vossa palavra, eu me arriscar – eu posso ter confiança de perder-me ou de abismar-me em Vós, de ser assimilado por vosso corpo, ó Jesus.

Ó energia de meu Senhor, força irresistível e viva, porque, de nós dois, Vós sois infinitamente o mais forte, é a Vós que cabe o papel de queimar-me na união que deve fundir-nos juntos. Dai-me, portanto, algo mais precioso ainda do que a graça pela qual vos rezam todos os vossos fiéis. Não é bastante que eu morra ao comungar. Tomai-me *para comungar, quando eu morrer*.

d) A verdadeira resignação

A análise que precede (análise em que procuramos distinguir segundo quais fases nossas diminuições podem divinizar-se) permitiu-nos *justificar para nós mesmos* a expressão tão cara a todos os cristãos que sofrem: "Deus me tocou. Deus me tomou. Que sua vontade seja feita". Graças a ela, sob os males que nos corrompem por dentro, sob os choques que nos quebram por fora, nós compreendemos como as duas mãos de Deus podiam reaparecer mais operantes e mais penetrantes do que nunca. A mesma análise tem um outro resultado, quase tão precioso quanto o primeiro. De acordo com o que nós anunciamos mais acima, ela nos prepara, a nós cristãos, para justificar diante dos outros homens a legitimidade e o valor humano da resignação.

A resignação cristã é sinceramente considerada e censurada por muitas pessoas honestas como um dos elementos mais perigosamente soporífero do "ópio religioso". Depois do desgosto pela Terra, não há atitude que se reprove com mais ressentimento o Evangelho de tê-la propagado do que a passividade diante do mal, uma passividade que pode ir até à cultura perversa da diminuição e do sofrimento. Nós o dizíamos mais acima a propósito do "falso desapego": esta acusação ou, simplesmente, esta suspeita, é infinitamente mais eficaz, neste momento, para deter a conversão do mundo do que todas as objeções tiradas da ciência e da filosofia. Uma religião considerada inferior ao nosso ideal humano, sejam quais forem os prodígios de que ela se cerca, é uma religião *perdida*. É, portanto, de uma importância suprema para o cristão compreender e viver a submissão à vontade de Deus no sentido *ativo*, único sentido ortodoxo, que nós evocamos.

Não, o cristão, para praticar integralmente a perfeição de seu cristianismo, não tem que desertar diante do dever de resistir ao mal. Num primeiro tempo, pelo contrário, nós o temos visto, ele deve lutar sinceramente e com todas as suas forças, em união com a potência criadora do mundo, para que todo mal retroceda, para que nada diminua nem nele nem ao redor dele. Nesta fase inicial, o crente é aliado convencido de todos aqueles que pensam que a humanidade somente terá êxito sob condição de prosseguir laboriosamente até o fim de si mesma. Como nós dizíamos ao falar do desenvolvimento humano, ele, o cristão, encontra-se ainda mais ligado do que ninguém à grandeza desta tarefa, porque, a seus olhos, a vitória humana sobre as diminuições, mesmo físicas e naturais do mundo, condiciona em parte o acabamento e a consumação da Realidade precisa que ele adora. À medida que a resistência permanece possível, ele se obstinará, então – ele, o filho do Céu –, como os mais terrestres dos filhos do mundo, contra aquilo que merece ser descartado ou destruído.

Vem, então, para ele, a derrota – a derrota pessoal que nenhum ser humano pode esperar evitar em seu breve corpo a corpo individual com as potências, cuja ordem de grandeza e de evolução é universal. Ele não relaxará também a sua resistência interior mais do que o herói pagão vencido. Sufocado, comprimido, seu esforço permanecerá tenso. Mas, neste momento, em vez de ter, para compensar e dominar a morte que chega, somente a sombria e problemática consolação do estoicismo (bem no fundo do qual, se se analisasse bem profundamente, se encontraria, sem dúvida, como último princípio de beleza e de consistência, uma fé desesperada *no valor do sacrifício*), ele verá abrir-se diante de si um novo âmbito de possibilidades. Esta força inimiga, que o abate e o desagrega, quando ele a aceita com fé, sem cessar de lutar contra ela, pode tornar-se para ele um princípio amoroso de renovação. Tudo é perdido no plano experimental. Mas, no âmbito chamado sobrenatural, *existe uma di-*

mensão de algo mais, que permite a Deus operar, *insensivelmente*, uma misteriosa reviravolta do mal em bem. Deixando a área dos êxitos e das perdas humanas, o cristão tem acesso, por um esforço de confiança no Maior do que ele, à região das transformações e dos crescimentos suprassensíveis. Sua resignação é somente um *élan* para transpor para mais alto o campo de sua atividade.

Como nós estamos longe – não é verdade? –, cristãmente longe desta mui justamente criticada "submissão à vontade de Deus", que correria o risco de enfraquecer e de destemperar a bela arma da vontade humana brandida contra as potências das trevas e do enfraquecimento! Compreendamo-lo bem e façamos com que o compreendam: não se trata de um encontro imediato nem de uma atitude passiva, mas de encontrar e de fazer (mesmo diminuindo-se ou morrendo) a vontade de Deus. A respeito de um mal que me atingisse por minha negligência ou por minha falta, eu não teria o direito de pensar que é Deus que me toca[7]. A vontade de Deus (sob sua forma sofrida), eu somente a associaria, a cada instante, *à meta de minhas forças*, lá onde minha atividade voltada para o ser-melhor (um ser-melhor entendido segundo ideias humanas normais) se encontra continuamente equilibrada pelas forças contrárias que tendem a deter-me ou a derrubar-me. Se eu não faço o que posso para avançar ou resistir, eu não me encontro *no ponto desejado*, eu não experimento a Deus tanto como eu poderia e que eu desejaria. Se, pelo contrário, meu esforço é corajoso, perseverante, eu me associo de novo a Deus através do mal, mais profundamente do que o mal; eu me estreito contra ele; e, neste momento, o *optimum* de minha "comunhão de resignação" vem

---

7. O mal devido a minha negligência pode, no entanto, também ele, tornar-se para mim a vontade de Deus, se eu me arrependo e se eu corrijo minha atitude preguiçosa ou descuidada. Tudo pode ser retomado e refundido em Deus, até mesmo as faltas [N.A.].

coincidir necessariamente (por construção) com o *maximum* de minha fidelidade ao dever humano[8].

---

8. É interessante aproximar destas páginas sobre "a Divinização das atividades e das passividades" as precisões seguintes, extraídas de uma carta, na qual, pouco tempo antes da redação do *Meio Divino*, Pierre Teilhard expunha sua espiritualidade ao Pe. Auguste Valensin, um de seus mais caros amigos.
"Eu admito *fundamentalmente* que o acabamento do mundo somente se consuma através de uma morte, de uma 'noite', de uma reviravolta, de uma descentralização e de uma quase despersonalização [...] A união com Cristo supõe essencialmente que nós vejamos nele o centro último de nossa existência, o que significa o sacrifício radical do egoísmo... [No entanto]. É absolutamente necessário, para que o Cristo tome toda a minha vida – toda a vida – que eu cresça nele, não somente pelas restrições ascéticas e pelos desarraigamentos sumamente unificadores do sofrimento, mas mais ainda por tudo o que minha existência comporta de esforço positivo, de aperfeiçoamento natural. A fórmula da renúncia, para ser total, deve satisfazer a esta dupla condição: 1º) Fazer-nos ultrapassar tudo o que há no mundo. 2º) E, no entanto, sujeitar-nos, ao mesmo tempo, a impulsionar (com convicção e paixão) o desenvolvimento do próprio mundo. No conjunto, o Cristo se nos dá através do mundo a consumar pela relação com Ele. Preste bem atenção a isto: Eu não atribuo nenhum valor definitivo e absoluto às diversas construções naturais. Não amo nelas sua forma particular, mas sua função, que é a de construir, misteriosamente e antes de tudo, o divinizável; e, depois, pela graça do Cristo que se pousa sobre nosso esforço, o divino [...] Em resumo, o esforço cristão *completo* consiste, segundo meu parecer, nestas três coisas: 1º) Colaborar apaixonadamente com o esforço humano, com a consciência de que não somente pela fidelidade na obediência, mas também pela *obra* realizada nós trabalhamos para o acabamento do Pleroma, preparando sua matéria mais ou menos próxima. 2º) Haurir, neste labor penoso e na procura de um ideal cada vez mais amplo, uma primeira espécie de renúncia e de vitória sobre o egoísmo estreito e preguiçoso. 3º) Querer bem paralelamente aos 'cheios' da vida e aos 'vazios' de vida, isto é, às suas passividades e às diminuições providenciais, através das quais o Cristo transforma diretamente e de maneira eminente em si os elementos, a personalidade que temos procurado desenvolver para Ele [...] Desapego e esforço humano, portanto, se harmonizam. É necessário acrescentar que suas combinações são infinitamente variadas. Há uma infinidade de vocações. Há, na Igreja, Santo Tomás de Aquino e São Vicente de Paula ao lado de São João da Cruz. Há, para alguns de nós, um tempo para crescer e um tempo para diminuir. Ora é o esforço humano construtivo que domina, ora é a aniquilação mística [...] Todas estas atitudes procedem de uma mesma orientação interior, de uma mesma lei que combina o duplo movimento da personalização natural do homem e o da sua despersonalização sobrenatural *in Christo*" [N.E.].

Conclusão das duas primeiras partes
Visões de conjunto sobre a ascética cristã

Depois de termos observado com atenção, nas duas metades de nossa vida (a ativa e a passiva), os progressos que perpassam a divinização, nós nos encontramos em condição de lançar um olhar de conjunto sobre as camadas celestes, onde esta maré de luzes nos mergulhou. Esta será a terceira parte deste trabalho.

Mas, antes de nos entregarmos à contemplação do Meio Divino, nós devemos, a modo de resumo e de maior clareza, retomar sinteticamente, em algumas visões de conjunto, a doutrina ascética esparsa nas páginas precedentes.

Vamos fazê-lo em três parágrafos, cujos temas serão os seguintes: 1º) Apego e desapego. 2º) O sentido da cruz. 3º) A potência espiritual da matéria.

1 Apego e desapego

"Nemo dat quod non habet" ("Ninguém dá o que não tem"). Nada de fumaça odorífera sem incenso. Nada de sacrifício sem vítima. Como o homem se daria a Deus, se ele [homem] não existisse? Que posse ele sublimaria por seu desapego, se ele tivesse as mãos vazias?

Esta observação de simples bom-senso permite resolver em princípio uma questão bastante mal colocada – e muito frequentemente – da seguinte maneira: "O que há de melhor para um cristão: o agir ou o sofrer? A vida ou a morte? O crescimento ou a diminuição? O desenvolvimento ou a supressão? A posse ou a renúncia?"

Resposta geral: "Por que separar e opor as duas fases naturais de um mesmo esforço? O dever e o desejo essenciais de vocês são os de ser unidos a Deus. Mas, para unir-se, é necessário primeiramente que vocês *sejam*, e que vocês sejam vocês mesmos o mais completamente possível. Pois bem, desenvolvam-se; portanto, tomem posse do mundo *para serem*. Aliás, feito isto, aceitem diminuir-se para *serem para o outro*. Eis aí o duplo e único preceito da ascética cristã completa".

Deste método de ação, estudemos um pouco mais de perto os dois termos, em seu papel particular e em seu efeito resultante.

a) Desenvolvam-se primeiramente[9], diz o cristianismo ao cristão

Este primeiro tempo da perfeição cristã geralmente não é colocado em evidência nas obras espirituais. Seja que

---

9. Evidentemente, esta palavra "primeiramente" indica uma prioridade de natureza, tanto e mais do que uma prioridade no tempo. Em momento algum o verdadeiro cristão se apega *pura e simplesmente* a algo, porque o contato que ele busca com as coisas sempre é tomado em vista de ultrapassá-las ou de sublimá-las. O apego de que falamos aqui é, portanto, todo penetrado e dominado pelo desapego (ver um pouco mais adiante o texto). Resulta que o uso e a dosagem do *desenvolvimento* na vida espiritual são coisas particularmente delicadas, não sendo nada mais fácil do que buscar a si mesmo, sob pretexto de crescer e de amar em Deus. A única proteção verdadeira contra este perigo de ilusão é um cuidado constante de conservar viva (com a ajuda de Deus) a visão apaixonada do *Maior que Tudo*. Na presença deste interesse supremo, só a ideia de crescer e de usufruir egoisticamente, para si mesmo, torna-se insípida e insuportável [N.A.].

sua existência pareça muito evidente para os autores, para que eles considerem necessário falar disso, seja que seu exercício lhes pareça salientar uma atividade muito "natural" ou mesmo muito perigosa, para que seja oportuno insistir nisso, eles se calam sobre ele ou o supõem. É uma injustiça e uma lacuna. Embora facilmente compreendido pela maioria dos homens, embora comum, no fundo, a toda moral laica ou religiosa, o dever do aperfeiçoamento humano tem sido, como todo o universo, retomado, refundido, sobrenaturalizado no Reino de Deus. É um dever propriamente cristão crescer, mesmo diante dos homens, e fazer frutificar seus talentos, mesmo naturais. É uma perspectiva essencialmente católica olhar o mundo como que amadurecendo – não somente em cada indivíduo, mas também na totalidade mesma do gênero humano – uma potência específica de conhecer e de amar, cujo termo transfigurado é a caridade, mas cujas raízes e seiva elementar são a descoberta e a dileção de tudo o que é verdadeiro e belo na criação. Nós já o explicamos amplamente, falando do valor cristão da ação; mas é aqui o lugar de lembrarmo-nos dele: o esforço humano, até mesmo em seus âmbitos inexatamente chamados de profanos, deve ocupar, na vida cristã, o lugar de uma operação santa e unificadora. Ele é a colaboração, trêmula de amor, que nós emprestamos às mãos divinas ocupadas para nos enfeitar e preparar (a nós e ao mundo) para a união final através do sacrifício. Assim compreendidos, os cuidados do acabamento e do embelezamento pessoais apenas começaram. E eis por que, de uma maneira insensível, o apego às criaturas, que eles parecem manifestar, funde-se em um completo desapego.

b) "E quando tiverdes qualquer coisa, diz Cristo no Evangelho, deixai-a e segui-me"

Até certo ponto, o fiel que, tendo cumprido o sentido cristão do desenvolvimento, tiver trabalhado para fazer-se e para fazer o mundo para Deus não terá quase necessidade de entender este segundo mandamento para começar a obedecer-lhe. Aquele que somente buscou, ao conquistar a Terra, submeter um pouco mais de matéria ao Espírito já não se abandonou, à medida que tomava posse de si mesmo? E também aquele que, renunciando ao prazer, ao menor esforço, à posse preguiçosa das coisas e das ideias, avançou corajosamente no caminho do trabalho, da renovação interior, da ampliação e da sublimação sem tréguas de seu ideal? E aquele ainda que, para um maior do que ele, família a manter, país a salvar, verdade a descobrir, causa a defender, deu seu tempo, sua saúde ou sua vida? Todos estes, porque eles montam fielmente o plano do esforço humano, passam de uma maneira contínua e constante do apego ao desapego.

Há, portanto, duas formas reservadas de renúncia que o cristão somente abordará mediante um convite ou uma ordem precisa de seu Criador. Nós queremos dizer a prática dos conselhos evangélicos e o uso das diminuições que não justificam a busca de um bem superior nitidamente determinado.

No que diz respeito aos primeiros (os conselhos evangélicos), não se poderia negar que a vida religiosa (que foi encontrada e ainda é praticada fora do cristianismo) possa ser uma florescência normal, "natural", da atividade humana em busca de vida mais elevada. Resulta, no entanto, que a prática das virtudes de pobreza, da castidade e da obediência representa um início de evasão para fora das esferas normais da humanidade terrestre, procriadora e conquistadora; e que, a este título, sua generalização esperava, para ser lícita, um *"Duc in altum"* que autenticasse as aspirações que amadureciam na alma humana. Esta autorização do Mestre das coisas foi dada uma vez por todas no Evangelho. Mas ela deve ser entendida, além disso, individualmente por aqueles que dela se beneficiam: é "a vocação".

No uso das forças de diminuição, mais claramente ainda, a iniciativa volta-se inteiramente para Deus. O homem pode e deve hierarquizar e libertar, por alguma penitência, suas potências inferiores. Ele pode e deve sacrificar-se a um interesse maior que o reclama, mas não tem a permissão de diminuir-se por diminuir-se. A mutilação voluntária, mesmo concebida como um método de libertação interior, constitui um crime contra o ser, e o cristianismo condenou-a formalmente. A mais segura doutrina da Igreja é que nosso dever – para nós, criaturas – é o de buscar viver sempre mais, pelas mais altas partes de nós mesmos, de acordo com as aspirações da vida presente. Só isto nos diz respeito. Todo o resto pertence à sabedoria daquele que sabe fazer sair de toda morte uma outra vida.

Não nos impacientemos loucamente. O Mestre da morte virá necessariamente logo, e talvez já escutemos seus passos. Não antecipemos sua hora nem a temamos. Quando Ele entrar em nós para destruir aparentemente as virtudes e as forças que tivermos – com tanto cuidado e amor –, destiladas por Ele de todas as seivas da Terra, este será como um fogo de amor, para consumar nosso acabamento na união.

c) Assim, no ritmo geral da vida cristã, desenvolvimento e renúncia, apego e desapego, não se excluem. Pelo contrário, eles se harmonizam, como, na função de nossos pulmões, a aspiração do ar e sua expiração. Estes são os dois tempos da respiração da alma, ou, se prefere, como os dois componentes do *élan* pelo qual ela firma continuamente o pé nas coisas para ultrapassá-las[10].

Esta é a solução geral. No detalhe dos casos particulares, a sucessão destes dois tempos e a aliança destes dois componentes são sujeitas a infinitas nuanças. Seu justo equilíbrio exige um tato espiritual, que é a força e a virtude próprias dos mestres da vida interior. Entre certos cristãos, o desapego conservará sempre a forma do desinteresse e do esforço, pelos quais se duplica o trabalho humano fielmente conduzido: a transfiguração da vida será totalmente interior. Entre outros, produzir-se-á, no curso da existência, uma ruptura física ou um corte moral que os fará passar do nível da vida comum muito santa ao patamar das renúncias de escolha e dos estados místicos. Para todos, de resto, o caminho conduz ao mesmo ponto: o despojamento final pela morte, que acompanha a refundição e preludia a incorporação final *in Christo Jesu*. E para todos, ainda, o que faz o êxito da vida é a maior ou menor proporção harmoniosa, segundo a qual os dois elementos, crescer para Cristo e diminuir nele, são combinados segundo as aptidões naturais e sobrenaturais engajadas. Seria evidentemente tão absurdo impelir ao desenvolvimento ou à renúncia sem limite, como ao comer ou ao jejum sem trégua. Na vida espiritual, como em todo processo orgâni-

---

10. Deste ponto de vista "dinâmico" se dissipa a oposição, mui frequentemente assinalada, entre ascetismo e misticismo. Os cuidados trazidos pelo homem à sua perfeição pessoal não têm nada que o desvie de sua absorção em Deus, do momento em que este esforço ascético não é outra coisa que uma "aniquilação mística" começada. Não há mais lugar para distinguir um "antropocentrismo" (ascético) e um "teocentrismo" (místico), visto que o centro humano só é percebido e amado em conexão com (isto é, em movimento para) o Centro Divino. Bem entendido, na tomada de posse do Homem por parte de Deus, a criatura é finalmente passiva (porque ela se encontra supercriada na União divina). Mas esta passividade pressupõe um sujeito de reação, isto é, uma fase ativa. O fogo do Céu deve cair sobre alguma coisa: caso contrário, nada será consumido nem consumado.

co, existe, para cada indivíduo, um *optimum*, que seria tão perigoso ultrapassar como não alcançar[11].

O que nós dizíamos dos indivíduos deve ser transposto ao conjunto da Igreja. É provável que, segundo as fases de sua idade, a Igreja seja levada a fazer dominar, na sua vida geral, ora um maior cuidado de concorrer para o labor terrestre, ora um mais zeloso cuidado de marcar a transcendência final de suas preocupações. O que é totalmente seguro é que, a cada instante, sua saúde e sua integridade dependem da exatidão com a qual seus membros cumprem, cada um em seu lugar, as funções que se escalam entre o dever de aplicar-se às ocupações reputadas as mais profanas deste mundo e às vocações à mais austera penitência ou à mais sublime contemplação. Todos estes papéis são necessários. Como uma árvore poderosa, a Igreja tem necessidade de suas raízes nervosamente fixadas na Terra e de suas folhas serenamente expostas ao grande Sol. A rigor, a cada instante, ela resume, em um ato vital sintético, uma gama de inúmeras pulsações, cada uma das quais corresponde a um grau ou a uma forma possível de espiritualização.

Alguma coisa, no entanto, domina esta diversidade, alguma coisa que confere ao organismo de conjunto (como

---

11. É, portanto, antes escamotear o problema fundamental do uso das criaturas do que resolvê-lo, dizendo que é necessário tender, em todos os casos, a tomar delas *o menos possível*. Esta teoria do *minimum*, nascida sem dúvida da ideia inexata de que Deus cresce em nós por destruição ou substituição, mais do que por transformação (cf. p. 81, nota), ou, o que dá no mesmo, que as virtualidades espirituais da criação material estão atualmente esgotadas, esta teoria do *minimum*, portanto, talvez seja boa para diminuir certos riscos aparentes; mas ela não nos ensina como tirar dos objetos que nos rodeiam um rendimento espiritual *maximum* – aquilo em que consiste propriamente o Reino de Deus. A única fórmula absoluta que parece poder guiar-nos nesta matéria é a seguinte: "Amar no mundo, em Deus, alguma coisa que se torna sempre maior". O resto é negócio de prudência cristã e de vocação individual. Cf. mais abaixo, p. 78 e 79, o que dizemos da utilização, por parte de cada um, das potências espirituais da matéria (N.A.).

também a cada elemento) sua fisionomia cristã distintiva: é o *élan* para o céu, o êxtase laborioso e doloroso através da matéria. Seria necessário evocar (e nós ainda não insistimos suficientemente neste ponto) que o sobrenatural espera e sustenta o progresso de nossa natureza. Mas é necessário não esquecer também que ele, afinal de contas, somente os sublima e os acaba numa aparente aniquilação. Esta aliança inseparável dos dois termos – progresso pessoal e renúncia em Deus –, mas também esta preeminência contínua – e, depois, final – do segundo sobre o primeiro, eis o que resume, em seu sentido pleno, o mistério da cruz.

2 O sentido da Cruz

A cruz tem sido sempre um sinal de contradição e um princípio de seleção entre os homens. É – diz-nos a fé – segundo a atração ou a repulsa que a cruz exerce sobre as almas que se busca a seleção do grão bom e do mau, a separação dos elementos escolhidos e inutilizáveis, no seio da humanidade. Lá onde ela aparece, são inevitáveis a efervescência e as oposições. É necessário ainda que este conflito não seja inutilmente estimulado de uma maneira provocante e discordante de pregar a doutrina de Jesus crucificado. Mui frequentemente, a cruz é apresentada à nossa adoração mais como um símbolo de tristeza, de restrição e de recalque do que como uma meta sublime que nós alcançamos, ultrapassando a nós mesmos.

Esta maneira de pregar a paixão se deve simplesmente, em muitos casos, ao emprego infeliz de um vocabulário piedoso, em que as palavras mais graves (tais como sacrifício, imolação, expiação), esvaziadas de seu sentido pela rotina, são empregadas com uma imprudência e alegria inconscientes. Joga-se com fórmulas. Mas esta maneira de falar acaba por dar a impressão de que o Reino de Deus somente pode estabelecer-se no luto, tomando constantemente o contrapé e a contracorrente das energias e das aspirações humanas. Sob a fidelidade das palavras, nada é menos cristão, no fundo, do que esta perspectiva. O que nós dissemos no parágrafo precedente, sobre o equilíbrio ou combinação necessária do desapego e do apego, permite dar à ascese cristã um sentido muito mais rico e muito mais completo.

Tomada em seu mais alto grau de generalidade, a doutrina da cruz é aquela à qual adere todo homem persuadido de que, diante da imensa agitação humana, abre-se um caminho para alguma saída, e que este caminho *sobe*. A vida tem um termo: portanto, ela impõe uma direção de caminhada, a qual se encontra orientada, de fato, para a mais alta espiritualização pelo maior esforço. Admitir este grupo de princípios fundamentais já é enfileirar-se entre os discípulos, distantes talvez e implícitos, mas reais de Jesus crucificado. A partir desta primeira opção, a primeira separação é feita entre os corajosos que terão êxito e os amantes dos prazeres que fracassarão, entre os eleitos e os condenados.

A esta atitude ainda vaga o cristianismo acrescenta, ao mesmo tempo, precisões e ampliações. Antes de tudo, ele dá à nossa inteligência, pela revelação de uma queda original, a razão de certos excessos desconcertantes nos transbordamentos do pecado e do sofrimento. Ele manifesta, em seguida, aos nossos olhos e aos nossos corações, para ganhar nosso amor e fixar nossa fé, a apaixonante e insondável realidade do Cristo histórico, junto ao qual a vida exemplar de um homem individual oculta este drama misterioso: o Mestre do mundo levando, como um elemento do mundo, não somente uma vida extremamente simples, mas a vida total do universo que Ele vem endossar e assimilar, experimentando-a Ele próprio. Pela morte crucificada deste ser adorável, enfim, Ele quer indicar à nossa sede de felicidade que o termo da criação não deve ser buscado nas áreas temporais de nosso mundo visível, mas que o esforço esperado de nossa fidelidade deve consumar-se *além de uma total metamorfose* de nós mesmos e de tudo o que nos rodeia.

Deste modo, crescem gradualmente as perspectivas da renúncia implicada no exercício da vida. E, finalmente, nos encontramos bem desenraizados, como o quer o Evangelho, daquilo que há de tangível na Terra. Mas este apego se faz pouco a pouco, segundo um processo que não chocou nem feriu o respeito que nós devemos às admiráveis belezas do esforço humano.

É perfeitamente verdadeira a afirmação de que a cruz significa evasão para fora do mundo sensível e, também em certo sentido, ruptura com este mundo. Pelos últimos termos da ascensão para os quais ela nos convida, ela nos força, de fato, a transpor um patamar, um ponto crítico, por onde nós perdemos contato com a área das realidades sensíveis. Este "excesso" final, entrevisto e aceito desde os primeiros passos, lança forçosamente uma luz e um espírito particulares sobre todas as nossas tentativas. Eis aí precisamente onde reside a loucura cristã diante dos "sábios" que não querem arriscar, em um total "Além", nenhum dos bens que eles têm atualmente entre as mãos. Mas esta evasão dilacerante para fora das áreas experimentais, que a cruz representa, é somente (é preciso mantê-lo energicamente) a sublimação da lei de *toda* vida. Em direção aos cumes, enevoados para nossos olhos humanos, aonde o Crucificado nos convida, nós subimos por uma vereda que é a via do progresso universal. A via real da cruz é justamente o caminho do esforço humano, sobrenaturalmente retificado e ampliado. Por ter entendido plenamente o sentido da cruz, nós não corremos mais o risco de achar que a vida é triste e feia. Nós apenas nos tornamos mais atentos à sua incompreensível gravidade.

Em suma, Jesus, sobre a cruz, é o símbolo e a realidade, tudo junto, do imenso labor secular que, pouco a pouco, eleva o espírito criado para conduzi-lo às profundezas do Meio Divino. Ele representa (em um sentido verdadeiro, Ele é) a criação que, sustentada por Deus, sobe as ladeiras do ser, ora agarrando-se às coisas para nelas tomar um ponto de apoio, ora arrancando-se delas para ultrapassá-las, compensando sempre por suas penas físicas o recuo trazido por suas quedas morais.

A cruz, por conseguinte, não é uma coisa desumana, mas sobre-humana. Desde a origem da humanidade atual, nós compreendemos que ela estava levantada diante da estrada que conduz aos mais altos cimos da criação. Somente à crescente luz da Revelação, seus braços, primeiramente nus, manifestaram-se revestidos do Cristo: *"Crux inuncta"* ("Cruz imposta"). À primeira vista, este corpo ensanguentado pode parecer-nos fúnebre. Não é da noite que ele raia? Aproximemo-nos mais ainda. E reconheceremos o serafim inflamado do Alverne, aquele cuja paixão e compaixão são *"incendium mentis"* ("incêndio da mente"). Para o cristão, não é questão de desvanecer-se na sombra, mas de subir na luz da cruz[12].

---

12. Nas páginas não destinadas como *O Meio Divino* "aos moventes de dentro e de fora", o Padre Teilhard, no brotar de uma meditação, tinha livremente expressado a importância capital que ele atribuía à vocação sacerdotal e religiosa, aos conselhos evangélicos e à morte redentora. Os curtos extratos que seguem dão testemunho disso: "Todo sacerdote, porque é sacerdote, dedicou sua vida a uma obra de salvação universal. Se ele é consciente de sua dignidade, não deve mais viver para si, mas para o mundo, a exemplo daquele que o ungiu para representá-lo. À medida de minhas forças, *porque eu sou sacerdote*, eu quero, de hoje em diante, ser o primeiro a tomar consciência daquilo que o mundo ama, busca e sofre; o primeiro a buscar, a sintetizar, a penar; o primeiro a desabrochar e a sacrificar-me, mais amplamente humano e mais nobremente terrestre do que qualquer servidor do mundo [...] E eu quero, ao mesmo tempo, pela prática dos conselhos, recuperar na renúncia tudo aquilo que a tríplice concupiscência encerra de chama celeste: santificar, na castidade, na pobreza e na obediência, a potência incluída no amor, no ouro e na independência. Foi alguma vez, ó meu Deus, a humanidade mais semelhante, em seu sangue, uma vítima imolada; mais apta, em sua agitação interna, às transformações criadoras; mais rica, em seus desprendimentos, em energia santificante; mais próxima, em sua angústia, da suprema comunhão? [...] Ó sacerdotes, [...] Jamais fostes mais sacerdotes do que agora, misturados e imersos como estais na pena e no sangue de uma geração, jamais mais ativos, jamais mais diretamente na linha de vossa vocação [...] Eu ouso, Senhor, de tal modo me sinto fraco, pedir para participar desta beatitude. Mas eu a vejo claramente e haverei de proclamá-la: Felizes aqueles, entre nós, que, nestes dias decisivos da criação e da redenção, são escolhidos para este ato supremo, coroamento lógico de seu sacerdócio: comunhão até à morte com o Cristo!" (*Le Prêtre*) [N.E.].

3 A potência espiritual da matéria

A mesma luz que a espiritualidade cristã plenamente compreendida lança sobre a cruz para humanizá-la (sem ocultá-la) se reflete na matéria para espiritualizá-la.

Em seus esforços pela vida mística, os homens frequentemente cederam à ilusão de opor brutalmente, um ao outro, o bem e o mal, a alma e o corpo, o espírito e a carne. Apesar de certas expressões correntes, esta tendência maniqueísta nunca foi aprovada pela Igreja. Que nos seja permitido, para preparar o último acesso à nossa visão definitiva sobre o Meio Divino, defender e exaltar aquela que o Senhor veio revestir, salvar e consagrar, a saber, *a santa matéria*.

A matéria, do ponto de vista ascético ou místico em que nos situamos nestas páginas, não é exatamente alguma das entidades abstratas definidas sob este nome pela ciência ou pela filosofia. É antes a própria realidade *concreta*, tanto para nós como para a física ou a metafísica, com seus próprios atributos fundamentais de pluralidade, de tangibilidade e de interligação. Mas esta realidade, nós procuramos abraçá-la aqui toda inteira, na sua maior generalidade possível: nós a tomamos com sua plena exuberância, tal como ela reage, não somente às nossas investigações científicas ou dialéticas, mas a toda a nossa atividade prática. A matéria será, portanto, para nós o conjunto das coisas, das energias, das criaturas que nos rodeiam, à medida que elas se nos apresentam como palpáveis, sensíveis, "naturais" (no sentido teológico da palavra). Este será o meio comum, universal, tangível, infinitamente móvel e variado, ao seio do qual nós vivemos imersos.

Isto posto, como se oferece, à primeira vista, à nossa ação a coisa assim definida? Sob os traços enigmáticos de uma potência *bifacial*.

A matéria, de uma parte, é o fardo, a corrente, a dor, o pecado, a ameaça de nossas vidas. É aquilo que pesa, aquilo que sofre, aquilo que fere, aquilo que tenta, aquilo que envelhece. Pela matéria, nós somos pesados, paralisados, vulneráveis, culpados. Quem nos libertará deste corpo de morte?

Mas a matéria, ao mesmo tempo, é alegria física, o contato que exalta, o esforço que viriliza, a alegria de crescer. É aquilo que atrai, aquilo que renova, aquilo que une, aquilo que floresce. Pela matéria nós somos alimentados, soerguidos, religados ao resto, invadidos pela vida. É-nos intolerável estar despojados dela. *"Non volumus expoliari, sed supervestiri"* ("Não queremos ser despojados da nossa veste, mas revestir outra por cima") (2Cor 5,4). Quem nos dará um corpo imortal?

O ascetismo, preferentemente, se detém somente na primeira face, isto é, naquilo que está voltado para a morte; e ele recua, dizendo: "Fugi!" Mas o que seriam nossos espíritos, meu Deus, se eles não tivessem o pão dos objetos terrestres para nutri-los, o vinho das belezas criadas para embriagá-los, o exercício das lutas humanas para fortificá-los? Que energias miseráveis, que corações exangues vos trariam vossas criaturas, se elas chegassem a se separar *prematuramente* do seio providencial onde vós as colocastes! Explicai-nos, Senhor, como podemos, sem deixar-nos seduzir, olhar a esfinge. Sem refinamento de doutrina humana, mas no simples gesto concreto de vossa imersão redentora, fazei-nos entender o mistério escondido, ainda aqui, nas entranhas da morte. Pela virtude de vossa dolorosa Encarnação, descobri-nos, depois ensinai-nos a captar zelosamente para Vós, a potência espiritual da matéria.

Como ponto de partida para nossa reflexão, tomemos uma comparação. Imaginemos, nas profundezas do mar, um mergulhador que busca voltar à luz. Ou, antes ainda, imaginemos, no flanco de uma montanha envolvida pelo nevoeiro, um viajante que se dirige para o cume banhado de luz. Para cada um destes dois homens, o espaço está dividido em duas áreas afetadas por propriedades contrárias: uma, para trás e para baixo, parece cada vez mais sombria; a outra, para frente e para cima, torna-se cada vez mais clara. Em direção a esta, tanto para o nadador como para o que sobe a montanha, o sucesso consiste em elevar-se, tomando um ponto de apoio em tudo aquilo que o rodeia. Além disso, no curso deste esforço, a luz cresce a cada novo progresso; ao mesmo tempo, o espaço transposto, à medida que é transposto, deixa de ficar iluminado e desaparece na sombra. Guardemos estes diferentes aspectos. Eles expressam simbolicamente todos os elementos de que precisamos para saber como nós devemos tocar e manejar santamente a matéria.

A matéria, antes de tudo, não é somente o peso que nos puxa, o lodo que nos atola, a moita espinhosa que nos barra a vereda. Tomada em si, anteriormente à nossa posição e à nossa escolha, ela é simplesmente a ladeira, pela qual subimos tão bem como descemos, o meio que apoia tão bem como cede, o vento que abate tão bem como arrebata. Por natureza – e após o pecado original – ela representa, é verdade, uma perpétua aspiração à queda. Mas, por natureza também – e depois da Encarnação – ela encerra uma cumplicidade (aguilhão ou encanto) com o mais-ser, que equilibra ou até mesmo domina a *"fomes peccati"* ("a fome do pecado"). A verdade completa sobre nossa situação é que aqui embaixo, de acordo com nossa inserção no universo, nós estamos situados – cada um – no plano ou na ladeira, em um ponto particular, determinado ao mesmo tempo pelo instante presente do mundo, pelo lugar humano de nosso nascimento e pela nossa vocação individual. E, *a partir deste ponto* diversamente situado e elevado, a tarefa determinada para nossa vida é a de subir à luz, transpondo, para alcançar a Deus, *uma dada série de criaturas*, que não são precisamente obstáculos, mas pontos de apoio a superar, intermediários a utilizar, alimento a tomar, seiva a depurar, elementos a nos associar e a arrastar.

Desde então, sempre em consequência de nossa posição inicial nas coisas – e em consequência ainda de cada situação ulteriormente ocupada por nós nela – a matéria se divide, relativamente ao nosso esforço, em duas áreas: uma superada ou atingida, à qual não poderíamos retornar ou na qual não poderíamos fixar-nos sem descer: é a área da matéria *tomada material e carnalmente*; a outra apresentada aos nossos esforços novos de progresso, de busca, de conquista, de divinização: é a área da matéria *tomada espiritualmente*. E o limite entre estas duas áreas é essencialmente relativo e móvel. Aquilo que é bom, santificante e espiritual para meu irmão que está abaixo ou a meu lado na montanha é talvez mau, perverso, material para mim mesmo. Aquilo que eu devia admitir ontem, talvez eu deva recusar hoje. E, inversamente, atos que tivessem sido uma pesada infidelidade para um São Luís Gonzaga ou um Santo Antão, talvez eu deva admitir, precisamente para educar-me no vestígio destes santos. Dito de maneira diferente, nenhuma alma alcança a Deus sem ter transposto, através da matéria, *um trajeto determinado*, que, em certo sentido, é uma distância que separa, mas, em outro sentido, é um caminho que reúne. Sem certas posses e certas conquistas, nada existe tal como Deus o deseja. Todos nós temos nossa escada de Jacó, cujos degraus são formados por uma série de objetos. Portanto, não busquemos fugir do mundo antes do tempo. Mas saibamos orientar nosso ser no fluxo das coisas: e então, em lugar do peso que nos arrasta para o abismo do prazer e do egoísmo, nós sentiremos desprender-se das criaturas um salutar "componente" que, segundo um processo já notado, nos dilatará, nos arrancará de nossas pequenezas, nos impelirá imperiosamente ao crescimento das perspectivas, à renúncia das alegrias saboreadas, ao gosto das belezas sempre mais espirituais. A própria matéria, que parecia ser uma conselheira de maior prazer e de menor labor, se tornará para nós um princípio de menor prazer e de maior esforço.

Ora, uma vez mais, o que é a lei dos indivíduos parece ser um diminutivo e um resumo da lei do Todo. Não nos enganaríamos muito, pensando que, em sua universalidade, o mundo – também ele – tem uma rota determinada a percorrer antes de atingir a sua consumação? Não duvidemos disto. Se sua totalidade material contém energias inutilizáveis, se, mais infelizmente ainda, ela conta com energias e elementos pervertidos, cuja separação lentamente se opera, mais realmente ainda ela encerra *certa quantidade de potência espiritual*, cuja progressiva sublimação *in Christo Jesu* é, para o Criador, a operação fundamental em curso. Atualmente, esta potência é ainda um pouco difusa por toda parte: nenhuma coisa há, por mais humilde ou grosseira que pareça, que não contenha dela um vestígio. É o trabalho do Corpo de Cristo, vivo em seus fiéis, de separar pacientemente estas forças celestes, de expressar, sem dela deixar perder nada, esta substância escolhida. Pouco a pouco – nisto nós podemos ter confiança – a obra continua. Graças à multidão de indivíduos e de vocações, o Espírito de Deus se insinua e trabalha em todos os âmbitos. É a grande árvore de que falávamos mais acima, cujos ramos ensolarados refinam e fazem florescer as seivas extraídas pelas mais humildes raízes.

Ora, à medida que a obra progride, certas áreas provavelmente se esgotam. Em cada vida individual – notemos – o limite entre a matéria espiritual e a carnal se desloca constantemente para o alto. Da mesma maneira, à medida que ela se cristianiza, a humanidade deve sentir cada vez menos a necessidade de certos alimentos terrestres para alimentar-se. Deste modo, a contemplação e a castidade devem tender legitimamente a ter o domínio sobre o trabalho agitado e sobre a posse direta. Esta é a *"deriva" geral da matéria* em direção ao espírito. Este movimento deve ter seu termo. Um dia, toda a substância divinizável da matéria terá sido assimilada pelas almas; todos os dinamismos escolhidos se encontrarão recuperados: e, então, nosso mundo se achará pronto para a parusia.

Nesta história geral da matéria, quem não reconheceria o grande gesto simbólico do batismo? Nas águas do Jordão, figura das potências da Terra, o Cristo se imerge. Ele as santifica. E, como diz São Gregório de Nissa, Ele sai delas banhado, elevando com Ele o mundo.

Imersão e emersão, participação das coisas e sublimação, posse e renúncia, travessia e arrebatamento: eis o movimento duplo e único que responde às provocações da matéria para salvá-la[13].

Matéria fascinante e forte, matéria que acaricias e que virilizas. Matéria que enriqueces e que destróis, confiante nas influências celestes que perfumaram e purificaram tuas águas, eu me abandono às tuas camadas potentes. *A virtude*

---

13. É por ter visto tão somente a primeira fase que as místicas sensoriais, bem como certos neopelagianismos (tais como o americanismo), caíram no erro de buscar o amor e o reino divinos *no mesmo nível* das afeições e do progresso humanos. E é, inversamente, por ter olhado tão somente a segunda fase que certos cristianismos exagerados só veem o elevar-se da perfeição sobre uma destruição da "natureza". O verdadeiro sobrenatural cristão, muitas vezes definido pela Igreja, não deixa a criatura em seu plano nem a suprime: ele a superanima. Não é evidente que, por mais transcendentes e criativos que eles sejam, o amor e o zelo de Deus só poderiam cair em um coração *humano*, isto é, sobre um objeto preparado (há muito tempo ou proximamente) por todas as seivas da Terra? É surpreendente que tão poucos espíritos chegam, neste caso como em outros, a captar a noção de transformação. Ora a coisa transformada lhes parece ser a coisa antiga não mudada, ora eles só percebem aí só o inteiramente novo. No primeiro caso, é o espírito que lhes escapa. No segundo, é a matéria. Menos grosseiro do que o primeiro excesso, o segundo se revela à experiência tão destruidor do equilíbrio humano quanto aquele [N.A.].

do Cristo foi assimilada em ti. Por teus encantos arrebata-me, por tua seiva nutre-me, por tua resistência enrijece-me. Por teu desarraigamento, liberta-me. Por ti mesma, enfim, diviniza-me.

Parte III
O Meio Divino

> *Nemo sibi vivit, aut sibi moritur [...]*
> *Sive vivimus, sive morimur, Christi sumus.*
> (Ninguém vive nem morre por si somente.
> Mas, seja por nossa vida, seja por nossa
> morte, nós pertencemos ao Cristo.)

As duas primeiras partes desta exposição não foram nada mais do que a análise e a verificação desta palavra de São Paulo. Alternativamente, em nossa vida, nós investigamos o lado da atividade, do desenvolvimento, da vida, depois o das passividades, da diminuição, da morte. Em toda parte e ao redor de nós, à esquerda e à direita, por trás e pela frente, por cima e por baixo, bastou ultrapassarmos um pouco a área das aparências sensíveis para vermos surgir e transparecer o Divino. Não é simplesmente diante de nós, perto de nós, que se revelou a presença divina. Ela jorrou tão universalmente – nós nos encontramos de tal modo rodeados e traspassados – que não nos resta sequer o lugar para cair de joelhos, mesmo que este lugar fosse o íntimo de nós mesmos.

Graças a todas as criaturas sem exceção, o Divino nos cerca, nos penetra, nos modela. Nós o pensamos distante, inacessível: vivemos mergulhados nas suas camadas ardentes. "*In eo vivimus*" ("Nele nós vivemos")... Na verdade, como dizia Jacó ao sair de seu sonho, o mundo, este mundo palpável, onde nós carregamos o tédio e a falta de respeito reservados aos espaços profanos, é um lugar sagrado, e nós não o sabíamos? "*Venite, adoremus*" ("Vinde, adoremus").

Recolhamo-nos ao seio do espaço superior e espiritual, que nos banha com a sua luz viva. E busquemos deliciosamente inventariar seus atributos, depois reconhecer a natureza destes, antes de examinar, em uma visão de conjunto, por meio de quais meios nós podemos abrir-nos sempre mais engrandecidos às suas invasões.

1 Os atributos do Meio Divino

A maravilha essencial do Meio Divino é a facilidade com a qual Ele reúne e harmoniza em si as qualidades que nos parecem as mais contrárias.

Imenso como o mundo e muito mais terrível do que as mais imensas energias do universo, Ele possui, no entanto, num grau supremo, a concentração e a precisão que fazem o encanto e o calor das pessoas humanas.

Vasto e inumerável como a onda cintilante das criaturas que seu oceano sustenta e superanima, Ele guarda, ao mesmo tempo, a transcendência concreta que lhe permite conduzir, sem confusão, os elementos do mundo à sua triunfante e pessoal unidade.

Incomparavelmente próximo e tangível, porque faz pressão sobre nós por meio de todas as forças do universo, Ele se oculta, no entanto, tão constantemente ao nosso amplexo que nós nunca podemos agarrá-lo aqui embaixo, senão crescendo, soerguidos por sua própria onda, no limite de nosso esforço: presente e atraindo no íntimo inacessível de cada criatura, Ele se retira sempre para mais longe, arrastando-nos consigo ao centro comum de toda consumação[14].

---

14. Eu atinjo Deus naqueles que eu amo, à medida que eles e eu nos espiritualizamos cada vez mais. Da mesma maneira, eu o arrasto ao fundo da beleza e da bondade, à medida que eu as procuro sempre mais com as faculdades incessantemente purificadas [N.A.].

Por Ele, o contato da matéria purifica, e a castidade floresce como a sublimação do amor.

Nele, o desenvolvimento conduz à renúncia. O apego às coisas separa daquilo que elas têm de caduco. A morte torna-se uma ressurreição.

Ora, se nós investigarmos de onde lhe podem vir tantas perfeições espantosamente acopladas, nós observaremos que todas elas derivam de uma só propriedade "fontal", que nós podemos expressar desta forma: Deus só se revela por toda parte, às nossas apalpadelas, *como um meio universal*, porque Ele é *o ponto último*, para onde convergem todas as realidades. Cada elemento do mundo, seja ele qual for, não subsiste, *hic et nunc*, a não ser à maneira de um cone, cujas geratrizes se amarrariam (ao término de suas perfeições individuais e da perfeição geral do mundo que as contém) em Deus, que as atrai. Todas as criaturas, desde então, tantas quantas elas sejam, não podem ser olhadas em sua natureza ou em sua ação, sem que, no mais íntimo e no mais real delas mesmas – como o sol nos pedaços de um espelho quebrado – a própria Realidade se revele una sob a multiplicidade, inapreensível sob a proximidade, espiritual sob a materialidade. Nenhum objeto, por sua própria essência, pode ter influência sobre nós, sem que brilhe sobre nós a lareira universal. Nenhuma realidade pode ser captada por nosso espírito, por nosso coração ou por nossas mãos, na essência daquilo que ela encerra de desejável, sem que sejamos obrigados, *pela estrutura mesma das coisas*, a remontar até à fonte primeira de suas perfeições. Esta lareira e esta fonte estão por toda parte. *Justamente porque Ele* é infinitamente profundo e puntiforme, Deus está infinitamente próximo e disperso por toda parte. *Justamente porque ele* é o Centro, ocupa toda a esfera. Exatamente inverso desta ubiquidade falaciosa que a matéria parece ter de sua dissociação extrema, a onipresença divina não é outra coisa que o efeito de sua extrema espiritualidade. E, à luz desta descoberta, nós podemos retomar nossa caminhada através das maravilhas que o Meio Divino nos reserva de maneira inesgotável.

O Meio Divino, por mais imenso que Ele seja, é na realidade um *Centro*. Portanto, tem as propriedades de um centro, isto é, antes de tudo, o poder absoluto e último de reunir (e, por conseguinte, de acabar) os seres no seio de si mesmo. No Meio Divino, todos os elementos do universo *se tocam* por aquilo que eles têm de mais interior e de mais definitivo. Eles concentram aí, pouco a pouco, sem perda e sem perigo ulterior de corrupção, aquilo que eles têm de mais puro e de mais atraente. Eles aí perdem, ao encontrar-se, a exterioridade mútua e as incoerências que são a fadiga fundamental das relações humanas. Portanto, que eles se refugiem lá, aqueles aos quais as separações, as parcimônias ou as prodigalidades da Terra causam contrariedade! Nas esferas exteriores do mundo, o homem é a cada instante dilacerado pelos afastamentos que colocam, entre os corpos, a distância; entre as almas, a impossibilidade de compreender-se; entre as vidas, a morte. A cada minuto, ainda, é necessário gemer por não poder, no espaço de alguns anos, seguir tudo e abraçar tudo. Sem cessar, enfim, ele se inquieta, e não sem razão, diante das loucas negligências ou da desesperadora falta de brilho de um meio natural onde a maior parte dos esforços individuais parecem dissipados e perdidos, onde os golpes e os gritos parecem sufocados, sem despertar um eco.

Tudo isto é a desolação de superfície.

Deixemos a superfície. E, sem deixar o mundo, naufraguemos em Deus. Lá e de lá, nele e por Ele, nós teremos tudo, comandaremos tudo. Um dia, lá reencontraremos a essência e o brilho de todas as flores e das luzes que tivermos que abandonar para sermos fiéis à vida. Os seres, perdemos a esperança de alcançá-los e de influenciá-los; todos eles estão lá, todos reunidos pela ponta mais vulnerável, mais receptiva, mais enriquecedora de sua substância. Neste lugar, o menor de nossos desejos e de nossos esforços é recolhido, conservado, e pode fazer vibrar instantaneamente todas as medulas do universo.

Estabeleçamo-nos no Meio Divino. Aí nos encontraremos no mais íntimo das almas e no mais consistente da matéria. Nós aí descobriremos, com a confluência de todas as belezas, o ponto ultravivo, o ponto ultrassensível, o ponto ultra-ativo do universo. E, ao mesmo tempo, nós experimentaremos que se organiza sem esforço, no íntimo de nós mesmos, a *plenitude* de nossas forças de ação e de adoração.

Porque ainda não é tudo o fato de que neste lugar privilegiado todas as forças exteriores do mundo sejam agrupadas e harmonizadas. Por uma maravilha complementar, o homem que se entrega ao Meio Divino se sente orientado e dilatado por Ele em suas potências interiores com uma segurança que o faz evitar, como que se divertindo, os mais numerosos escolhos aonde vieram tão frequentemente chocar-se as tentativas místicas.

Antes de tudo, o hóspede do Meio Divino não é absolutamente panteísta. À primeira vista, as profundezas divinas que São Paulo nos mostra podem assemelhar-se aos meios fascinantes que os filósofos ou as religiões monísticas desenvolvem aos nossos olhos. Na realidade, elas são totalmente diferentes, muito mais seguras para o nosso espírito e muito mais doces para os nossos corações. O panteísmo seduz-nos por suas perspectivas de união perfeita e universal. Mas, no fundo, ele só nos daria, se fosse verdadeiro, fusão e inconsciência, porque, ao término da evolução que ele julga descobrir, os elementos do mundo se dissipam no Deus que eles criam ou que os absorve. Nosso Deus, totalmente pelo contrário, impele ao extremo a diferenciação das criaturas que Ele concentra em si. No paroxismo de sua adesão, os eleitos encontram nele a consumação de seu acabamento individual. Por conseguinte, só o cristianismo, pela qualidade de seu pensamento, salva a aspiração essencial de toda mística: *unir-se* (isto é, tornar-se o Outro), *permanecendo si-mesmo*. Mais atraente do que todos os deuses-mundos, cuja sedução eterna Ele colhe e esgota, purificando-a: *"In omnibus omnia Deus"* (en pâsi panta Theos) ("Deus, tudo em todos"), nosso Meio Divino é mais distante do falso panteísmo. O cristão pode lançar-se nele com todo o coração, sem arriscar de, um dia, ter-se tornado monista.

Abandonando-se a estas águas profundas, ele não deve absolutamente ter medo de perder o contato com a Revelação e a Vida, isto é, de tornar-se ou muito irreal no objeto de seu culto ou muito quimérico na matéria de suas ocupações. O cristão perdido nas camadas divinas não sofre em seu espírito nenhuma destas deformações reprovadas que constituem o "modernista" ou o iluminista.

Por seu olhar sensibilizado, é verdade, o Criador e, mais precisamente ainda, o Redentor (nós veremos isso logo) imergiram-se e dilataram-se nas coisas a ponto de, segundo a expressão de Santa Ângela de Foligno, "o mundo estar cheio de Deus". Mas este crescimento só tem valor a seus olhos tanto quanto a luz, de que tudo lhe parece banhado, irradia a partir de uma *lareira histórica*, e é transmitido ao longo de *um eixo tradicional solidamente preciso*. O imenso encantamento do Meio Divino deve, definitivamente, todo seu valor concreto ao contato humano-divino que se revelou na Epifania de Jesus. Supressa a realidade histórica do Cristo, a onipresença divina, que nos embriaga, torna-se semelhante a todos os outros sonhos da metafísica: incerta, vaga, convencional, sem controle experimental decisivo para impor-se aos nossos espíritos, sem diretrizes morais para nossas vidas assimilarem. Desde então, por mais deslumbrantes que sejam os crescimentos que em um instante tentamos discernir no divino Ressuscitado, seu encanto e sua textura de realidade permanecerão sempre pendentes da verdade palpável e controlável do acontecimento evangélico. O Cristo místico, o Cristo universal de São Paulo somente pode ter sentido e preço a nossos olhos como uma expansão do Cristo nascido de Maria e morto na cruz. Deste Cristo (nascido e morto), aquele (o Cristo místico) tira essencialmente sua qualidade fundamental de ser incontestável e concreto. Não nos afastamos do Cristo do Evangelho tanto quanto nos deixamos arrebatar aos espaços divinos abertos à mística cristã. Provamos, pelo contrário, uma necessidade crescente de envolver-nos sempre mais solidamente com sua verdade humana. Portanto, não somos modernistas no sentido condenado da palavra. E não vamos encalhar mais entre os visionários e os iluministas.

O erro dos visionários *confunde* definitivamente, entre si, os planos do mundo e, por conseguinte, perturba as atividades desses planos. Na visão do iluminista, a presença divina não esclarece simplesmente o fundo das coisas. Ela tende a invadir sua superfície e, portanto, a suprimir sua exigente, mas salutar realidade. O lento amadurecimento das causas próximas, o entrelaçamento complicado dos determinismos materiais, as infinitas susceptibilidades de ordem universal não contam mais. Mas, através deste véu sem costura e destes fios delicados, a ação divina é imaginada como que aparecendo a descoberto e sem ordem. É o falso miraculoso que vem desconcertar e desaconselhar o esforço humano.

Totalmente outro – temos demonstrado sobejamente – é o efeito produzido na atividade humana pela verdadeira transformação do mundo em Jesus Cristo. No seio do Meio Divino, tal como a Igreja o revela, as coisas se transfiguram, mas por dentro. Elas se banham interiormente na luz, mas, nesta incandescência, elas guardam – não é bastante dizer –, elas exaltam aquilo que há de mais definitivo em seus traços. *Nós somente podemos perder-nos em Deus, prolongando além delas mesmas as determinações mais individuais dos seres*: eis aí a regra fundamental, pela qual se distingue sempre o verdadeiro místico de suas falsificações. O seio de Deus é imenso, *"multae mansiones"* ("tem muitas moradas"). No entanto, nesta imensidão, só há para cada um de nós um único lugar possível, exatamente aquele, onde a fidelidade contínua aos deveres naturais e sobrenaturais nos estabeleceu. Neste ponto, no qual nós só nos encontraremos no momento desejado, se nós desdobrarmos em todos os campos a nossa mais industriosa atividade, Deus se nos comunicará na sua plenitude. Fora deste ponto e apesar de Ele continuar envolvendo-nos, o Meio Divino só existe *para nós* incompletamente. Portanto, suas grandes águas nos convidam não a um inexpressivo abandono, mas muito mais a uma luta constante para nos apresentarmos ao seu fluxo. Sua energia espera e provoca a nossa. Como o mar, em certos dias, só se clareia ao contato da proa ou do nadador que a fende, assim também o mundo somente se ilumina de Deus, quando reage ao nosso *élan*. Quando, pelo êxtase ou pela morte, Deus quer definitivamente que o cristão se submeta e se una a Ele, pode-se dizer que Ele somente o leva depois que estiver fortalecido pelo amor e pela obediência exercidos ao longo de todo o seu esforço.

Poderia parecer, a partir daí, que, por excesso contrário aos do Quietismo e do Iluminismo, o fiel do Meio Divino recai nos erros de um naturalismo pagão. Por sua fé no valor celeste do esforço humano, por sua espera de um novo despertar das faculdades de adoração que dormitam no mundo, por seu respeito às potências espirituais ainda incluídas na matéria, nosso cristão poderá parecer singularmente semelhante aos adoradores da Terra.

Ainda aí, como no caso do panteísmo, trata-se apenas de uma semelhança externa, *no momento em que ele se encontra tão frequentemente entre coisas opostas.*

O pagão ama a Terra, para usufruir dela e nela se confinar. O cristão ama-a para torná-la mais pura e tirar dela a força para dela escapar.

O pagão busca dedicar-se a tudo o que é sensível para dele haurir a alegria; *ele adere ao mundo.* O cristão somente multiplica seus contatos com o mundo para captar ou experimentar as energias que ele conduzirá – ou que o conduzirão – ao céu. *Ele pré-adere a Deus.*

O pagão pensa que o homem se diviniza, fechando-se em si mesmo; o gesto final da evolução humana é, para cada um ou para todo o conjunto, o de se constituir em si mesmo. O cristão só vê a divinização na assimilação, por um Outro, de seu acabamento: o auge da vida, a seus olhos, é a morte na união.

Para o pagão, a realidade universal só existe por sua projeção no plano do tangível: ela é imediata e múltipla. O cristão toma exatamente os mesmos elementos: mas ele os prolonga segundo o eixo comum que os religa a Deus; e, ao mesmo tempo, o universo se unifica para ele, sendo tudo atingível somente no Centro final de sua consumação.

Em suma, do misticismo cristão, comparado com as principais formas historicamente revestidas pelo espírito religioso humano, pode-se dizer que ele extrai – sem tomar destas formas os elementos maus ou suspeitos – *tudo* aquilo que circula de mais doce e de mais forte em todas as místicas humanas. Nele se manifesta um espantoso equilíbrio entre o agir e o sofrer, entre a posse do mundo e seu abandono, entre o gosto pelas coisas e seu desprezo. Por que nos espantaríamos desta harmonia que se move? Não é ela a reação espontânea e natural da alma às excitações de um meio que é exatamente aquele, no qual, por natureza e por graça, ela é feita para viver e desenvolver-se?

Da mesma maneira que, no seio do Meio Divino, todos os ruídos criados se fundem – sem confundir-se – em uma única nota que as domina e as sustenta (a nota seráfica, sem dúvida, que enfeitiçou São Francisco), assim também, para responder a este apelo, todas as potências da alma se colocam a ressoar; e seus tons múltiplos, por sua vez, compõem-se em uma vibração inefavelmente simples, onde todas as nuanças espirituais de amor e de intelecção, de ardor e de calma, de plenitude e de êxtase, de paixão e de indiferença, de posse e de abandono, de repouso e de movimento, nascem, passam e brilham segundo os momentos e as circunstâncias, como as inumeráveis possibilidades de uma atitude interior, inexprimível e única.

Se alguma palavra permitisse traduzir, melhor do que outras, este entusiasmo permanente e lúcido, se poderiam empregar as palavras "indiferença apaixonada".

Ter tido acesso ao Meio Divino é, de fato, ter encontrado o Único Necessário, quer dizer, *Aquele que queima*, inflamando aquilo que nós amaríamos insuficientemente ou mal; *Aquele que acalma*, eclipsando de seu fogo aquilo que amaríamos muito; *Aquele que consola*, recolhendo aquilo que foi arrancado ao nosso amor ou que nunca lhe foi dado. Ter chegado a essas camadas preciosas é provar, com igual verdade, que se tem necessidade de tudo e que não se tem necessidade de nada. Tudo é necessidade para nós: porque o mundo nunca será bastante vasto para fornecer, nem à nossa vontade de agir e de apoderar-nos de Deus nem à nossa sede de sofrer, a possibilidade de sermos invadidos por ele. E, no entanto, nada nos é necessário: porque a Única Realidade que nos seduz, estando além das transparências em que ela se espelha, tudo o que se desvanecerá de caduco entre nós dois não fará outra coisa que no-la entregar mais pura. Tudo é Tudo para mim, e tudo nada é para mim; tudo é Deus para mim, e tudo é poeira para mim: eis aí o que o homem pode dizer com semelhante verdade, segundo a incidência do raio divino.

"Qual é – vocês pensam, e alguém perguntaria um dia – a maior destas bem-aventuranças: ter a unidade sublime de Deus para centrar e salvar o universo? Ou, antes, ter a imensidão concreta do universo para experimentar e tocar a Deus?"

Não procuraremos sair desta deliciosa incerteza. Mas, estando agora familiarizados com os atributos do Meio Divino, voltaremos mais atentamente à Coisa mesma que nos apareceu no fundo de cada ser, sorridente como um rosto, fascinante como um abismo. E nós lhe perguntaremos: "Senhor, quem sois vós?"

2 A natureza do Meio Divino – O Cristo universal e a Grande Comunhão

Numa primeira aproximação, ficou bastante evidente que o Meio, cuja rica e móvel homogeneidade se revelou por toda parte ao nosso redor como uma condição e uma consequência das atitudes mais cristãs (tal como a reta intenção e a resignação), é formado pela onipresença divina. A imensidão de Deus é o atributo essencial que nos permite apreendê-lo universalmente em nós e ao redor de nós.

Pelo fato de circunscrever o problema, esta resposta começa a satisfazer nosso espírito. Ela, no entanto, ainda não dá à potência *"in qua vivimus et sumus"* ("em que vivemos e somos") a precisão de linha, a partir da qual gostaríamos de esboçar os traços do Único necessário. Sob que forma, própria da nossa criação, adaptada ao nosso universo, a imensidão divina se manifesta, aplica-se à humanidade? Nós a sentimos carregada desta graça santificante que a fé católica faz circular por toda parte como a verdadeira seiva do mundo; nós a sentimos totalmente semelhante, por suas propriedades, a esta Caridade (*"manete in dilectione mea"*) ("permanecei em meu amor"), da qual a Escritura nos diz que permanecerá sozinha, um dia, como o único princípio estável das naturezas e das forças; nós a sentimos ainda totalmente igual, no fundo, a esta maravilhosa e substancial vontade divina, cuja medula, presente em toda parte, é o verdadeiro alimento de nossas vidas, *"omne delectamentum in se habentem"* ("que contém em si todo o sabor"). Finalmente, qual é o laço concreto que amarra entre si todas estas entidades universais e lhes confere um último poder de apoderar-se de nós?

A essência do cristianismo consiste em colocar-se a si mesmo esta questão e em respondê-la: "O Verbo encarnado, Nosso Senhor Jesus Cristo".

Procedamos gradualmente na busca que deve justificar, aos nossos olhos, esta prodigiosa identificação entre o Filho do Homem e o Meio Divino.

Um primeiro passo, absolutamente incontestável, se dá, quando se observa que a onipresença divina, na qual nos encontramos mergulhados, é uma *onipresença de ação*. Deus envolve-nos e penetra-nos, criando-nos e conservando-nos.

Vamos agora um pouco mais longe. Sob que forma e com que finalidade o Criador nos brinda e nos conserva o dom do ser participado? Sob a forma de uma aspiração essencial a Ele, em vista da adesão inesperada que deve fazer de nós uma mesma coisa complexa com Ele. A ação, pela qual Deus nos mantém no campo de sua presença, é uma *transformação unitiva*.

Avancemos mais um pouco. Qual é esta Realidade suprema e complexa, pela qual a operação divina nos modela? São Paulo – juntamente com São João – no-la revelou.

É a repleção quantitativa e a consumação qualitativa de todas as coisas; é o misterioso Pleroma, onde o Uno substancial e o Múltiplo criado se unem sem confusão numa Totalidade que, sem nada acrescentar de essencial a Deus, será, todavia, uma espécie de triunfo e de generalização do ser.

Tocamos finalmente o alvo. Qual é o Centro ativo, o Laço vivo, a Alma organizadora do Pleroma? São Paulo está ainda aí para nos gritar com toda a sua voz. É Aquele, no qual tudo se reúne e tudo se consuma; Aquele, do qual todo o edifício criado tem sua consistência, o Cristo morto e ressuscitado, *"qui replet omnia"*, *"in quo omnia constant"* ("que tudo plenifica, no qual tudo subsiste").

Ajuntemos agora o primeiro termo e o último desta longa série de identidades. A *onipresença divina*, devemos reconhecer com um lampejo de alegria, *traduz-se*, em nosso universo, *pelo entrelaçamento das forças organizadoras do Cristo total*; Deus faz pressão, em nós e sobre nós, pelo intermediário de todas as potências do céu, da Terra e dos infernos, somente no ato de formar e de consumar o Cristo que salva e superanima o mundo. E como, no curso desta operação, o próprio Cristo não se comporta como um ponto de convergência morto e passivo – mas Ele é centro de irradiação para as energias que conduzem o universo a Deus através de sua humanidade –, assim, finalmente, as camadas da ação divina chegam até nós, totalmente impregnadas de suas energias orgânicas.

O Meio Divino, desde então, assume para nós o perfume e os traços definidos que nós desejávamos. Nós reconhecemos nele uma onipresença que age em nós, assimilando-nos nele, *in unitate corporis Christi* (na unidade do Corpo de Cristo). A imensidão divina, por causa da Encarnação, transformou-se para nós em *onipresença de cristificação*. Tudo o que eu posso fazer de bom, *"opus et operatio"* ("obra e maneira de operar"), por alguma coisa de si mesmo, é recolhido fisicamente na realidade do Cristo consumado. Tudo o que eu sofro ou experimento, com fé e amor, em termos de diminuição e de morte me faz um pouco mais intimamente parcela integrante de seu Corpo místico. É, mais exatamente, *o Cristo que nós fazemos ou que nós experimentamos em todas as coisas*. Não somente *"diligentibus omnia convertuntur in bonum"* ("para os que amam tudo se converte em bem"), mas, ainda mais claramente, *"convertuntur in Deum"* ("tudo se converte em Deus") e, mais explicitamente ainda, *"convertuntur in Christum"* ("tudo se converte em Cristo").

Apesar das expressões decisivas de São Paulo (formuladas, não nos esqueçamos, *para o comum* dos primeiros cristãos), pode parecer a alguns que nós fomos levados a forçar, em um sentido realista, a noção de Corpo místico ou que, pelo menos, comprazemo-nos em buscar aí perspectivas esotéricas. Olhemos um pouco mais de perto e constataremos que, por um caminho diferente, nós simplesmente atingimos a grande via aberta na Igreja pelo culto que tudo invade, isto é, pelo culto da Santa Eucaristia.

Quando o sacerdote diz estas palavras: *"Hoc est corpus meum"* ("Isto é o meu corpo"), a palavra cai diretamente sobre o pão e transforma-o diretamente na realidade individual do Cristo. Mas a grande operação sacramental não se detém neste acontecimento local e momentâneo. Ensina-se substancialmente às crianças: através de todos os dias de cada homem e de todas as idades da Igreja e de todos os períodos do mundo, somente há uma única missa e uma única Comunhão. O Cristo morreu uma vez dolorosamente. Pedro e Paulo recebem em tal dia, a tal hora, a Santa Eucaristia. Mas estes atos diversos não são os pontos, diversamente centrais, nos quais se divisa e se fixa, no tempo e no espaço, para nossa experiência, a continuidade de um gesto único. No fundo, desde as origens da preparação messiânica até à parusia, passando pela manifestação histórica de Jesus e pelas fases de crescimento de sua Igreja, um só acontecimento se desenvolve no mundo: a Encarnação, realizada em cada indivíduo pela Eucaristia.

Todas as comunhões de uma vida formam uma só comunhão.

Todas as comunhões de todos os homens atualmente vivos formam uma só comunhão.

Todas as comunhões de todos os homens presentes, passados e futuros formam uma só comunhão.

Temos olhado suficientemente a imensidão física do homem e suas extraordinárias conexões com o universo para realizar em nossos espíritos o que esta verdade elementar contém de formidável?

Evoquemos, mais ou menos, em nossos espíritos, a enorme multidão humana, de todas as épocas e de todos os lugares. Então, de acordo com o nosso catecismo, nós cremos que esta assustadora pluralidade anônima sofre de direito (e até certo ponto, de fato: quem nos dirá, com efeito, onde termina, com a influência da graça, a difusão do Cristo, a partir dos fiéis no seio da consanguinidade humana?) o contato físico e dominador daquele, cujo apanágio é o de poder *"omnia sibi subjicere"* ("tudo submeter a si"). Sim, a camada humana da Terra está inteira e perpetuamente sofrendo a influência organizadora do Cristo encarnado. Isto todos nós admitimos como um dos pontos mais seguros de nossa fé.

Agora, como o próprio mundo humano se apresenta na estrutura do universo? Nós já o recordamos (p. 25.), e quanto mais se refletir sobre isto, mais se será tocado pela evidência e pela importância desta constatação: ele aparece como uma área de transformação espiritual contínua, na qual todas as realidades e as forças inferiores sem exceção vêm sublimar-se em sensações, sentimentos, ideias, potências de conhecer e de amar. Ao redor da Terra, centro de nossas perspectivas, as almas formam, de alguma maneira, a superfície incandescente da matéria mergulhada em Deus. Do ponto de vista dinâmico, biológico, é também impossível traçar debaixo dela um limite como o que existe entre uma planta e o meio que a suporta. Então, se a Eucaristia influi soberanamente em nossas naturezas humanas, sua energia se estende necessariamente, por efeito de continuidade, às regiões menos luminosas que nos dão suporte, *"descendit ad ínferos"* ("desceu à mansão dos mortos"), poder-se-ia dizer. A cada instante, o Cristo eucarístico controla, do ponto de vista da organização do Pleroma (que é o único ponto de vista verdadeiro para compreender o mundo), todo o movimento do universo, o Cristo *"per quem omnia, Domine, semper creas, vivificas et praestas nobis"* ("por quem, ó Senhor, sempre criais, vivificais e nos concedeis tudo").

O controle em questão é, no mínimo, um último refinamento, uma última sublimação, uma última captura, processos sofridos pelos elementos que serão utilizados para a edificação da terra nova. Mas, como não ir mais longe, como não pensar que a ação sacramental do Cristo, *precisamente porque Ele vem santificar a matéria*, influi, aquém do sobrenatural puro, em tudo aquilo que faz a ambiência interna e externa do fiel, isto é, que se manifesta em tudo aquilo que nós chamamos de "nossa Providência"?

Se é assim, eis-nos aí de novo mergulhados exatamente em nosso Meio Divino (por termos seguido simplesmente as "extensões" da Eucaristia). Em cada realidade ao redor de nós, o Cristo – por quem e em quem nós somos formados, com nossa individualidade e segundo nossa vocação particular – revela-se e brilha como *uma última determinação*, como um Centro, poder-se-ia quase dizer, como um elemento universal. Nossa humanidade, assimilando o mundo material, e a hóstia, assimilando nossa humanidade, a transformação eucarística supera e completa a transubstanciação do pão do altar. Progressivamente, ela invade irresistivelmente o universo. É o fogo que corre pelo o feno. É o golpe que faz vibrar o bronze. Em um segundo e generalizado sentido, mas em sentido verdadeiro, as espécies sacramentais são formadas pela totalidade do mundo, e a duração da criação é o tempo requerido para sua consagração. *"In Christo vivimus, movemur et sumus"* ("Em Cristo vivemos, nos movemos e somos").

Meu Deus, quando eu me aproximar do altar para comungar, fazei com que eu discirna de hoje em diante as infinitas perspectivas escondidas sob a pequenez e a proximidade da hóstia em que vós vos ocultais. Já me habituei a reconhecer, sob a inércia deste pedaço de pão, uma potência devoradora que, segundo a expressão de vossos grandes doutores, assimila-me, antes de deixar-se assimilar por mim. Ajudai-me a ultrapassar o resto de ilusão que tenderia a fazer-me crer que vosso contato é circunscrito e momentâneo.

Começo a compreender: sob as espécies sacramentais, é primeiramente através dos "acidentes" da matéria, mas é também, em contrapartida, graças ao universo inteiro que vós me tocais, à medida que este reflui e influi em mim sob vossa influência primeira. Em um sentido verdadeiro, os braços e o coração que vós me abris são mais do que todas as potências reunidas do mundo que, penetradas até ao fundo de si mesmas por vossa vontade, por vossos gostos, por vosso temperamento, dobram-se sobre meu ser para formá-lo, para alimentá-lo e para arrebatá-lo até aos ardores centrais de vosso fogo. Na hóstia é *a minha vida* que vós me ofereceis, ó Jesus.

O que poderia eu fazer para receber este amplexo envolvente? O que poderia eu fazer para responder a este beijo universal? *"Quommodo comprehendam ut comprehensus sum?"* ("Como compreenderei assim como fui compreendido?").

À oferta total que me é feita eu somente saberia responder por uma total aceitação. Ao contato eucarístico *eu reagiria, portanto, com o esforço inteiro de minha vida*, de minha vida de hoje e da minha vida de amanhã; da minha vida individual e da minha vida aliada a todas as outras vidas. Em mim, periodicamente, as santas espécies poderão desvanecer-se. Cada vez, elas me deixarão um pouco mais profundamente mergulhado nas camadas de vossa onipresença: vivendo e morrendo, eu não cessarei momento algum de avançar em vós. Deste modo, é justificado com um vigor e um rigor inauditos o preceito implícito de vossa Igreja de que é necessário comungar sempre e em toda parte. A Eucaristia deve invadir minha vida. Minha vida deve tornar-se, graças ao sacramento, um contato sem limite e sem fim convosco, esta vida que me apareceu, há alguns instantes, como um batismo convosco nas águas do mundo e que agora se revela a mim como uma comunhão convosco através do mundo. O sacramento da vida. *O sacramento da minha vida*, da minha vida recebida, da minha vida vivida, da minha vida abandonada...

Para ter subido aos céus depois de ter descido aos infernos, vós plenificastes de tal modo o universo em todos os sentidos, ó Jesus, que de agora em diante nos é felizmente impossível sair de Vós. *"Quo ibo a spiritu tuo, et quo a facie tua fugiam?"* ("Para onde irei, longe de vosso espírito, e para onde fugirei, longe de vossa face?"). Disto estou agora muito seguro. Nem a vida, cujos progressos aumentam a posse que vós tendes sobre mim, nem a morte, que me atira em vossas mãos, nem as potências espirituais, boas ou más, que são vossos instrumentos vivos, nem as energias da matéria, onde vós estais mergulhado, nem as irreversíveis ondas do tempo, cujo ritmo e escoamento, em última instância, vós controlais, nem as insondáveis profundidades do espaço, que medem vossa grandeza – *"neque mors, neque vita, neque angeli, neque principatus, neque postestates, neque virtutes, neque instantia, neque futura, neque fortitudo, neque altitudo, neque profundum, neque creatura alia*" (Rm 8,38) – nada de tudo isto poderá me separar de vosso amor substancial, porque tudo isto é apenas o véu, as "espécies", sob as quais vós me tomais para que eu possa tomar-vos.

Ó Senhor, uma vez ainda, qual é a mais preciosa destas duas beatitudes: que todas as coisas sejam para mim um contato convosco ou que vós sejais tão "universal" que eu possa experimentar-vos e apreender-vos em toda criatura?

De vez em quando, imagino tornar-vos mais atraente a meus olhos, exaltando de uma maneira quase exclusiva os encantos, as bondades de vossa figura humana de antigamente. Verdadeiramente, Senhor, se eu quisesse somente querer bem a um homem, não me voltaria para aqueles que me destes na sedução de sua floração presente? Não temos ao redor de nós mães, irmãos, amigos, irmãs irresistivelmente amáveis? O que iríamos pedir à Judeia de dois mil anos atrás? Não, o que eu busco, como todo ser, com o grito de toda a minha vida e até mesmo de toda a minha paixão terrestre, é bem outra coisa que um semelhante a quem querer bem: é um Deus a quem adorar.

Ah! Adorar, isto é, perder-se no insondável, mergulhar-se no inesgotável, pacificar-se no incorruptível, absorver-se na imensidão definida, oferecer-se ao Fogo e à Transparência, aniquilar-se consciente e voluntariamente à medida que se toma mais consciência de si, dar-se até ao fundo Àquele que é sem fundo! A quem poderemos adorar?

Quanto mais se tornar homem, tanto mais ele será vítima da necessidade, e da necessidade sempre mais explícita, mais refinada, mais luxuosa de adorar.

Ó Jesus, dissipai as nuvens de vosso brilho! Mostrai-vos a nós como o Forte, o Brilhante, o Ressuscitado! Sede para nós o Pantocrator que ocupava, nas velhas basílicas, a plena solidão das cúpulas! Não é preciso nada menos do que esta parusia para equilibrar e dominar em nossos corações a glória do mundo que se eleva. Para vencermos o mundo convosco, aparecei-nos envolvido da glória do mundo.

3 Os desenvolvimentos do Meio Divino

O Reino de Deus está dentro de nós mesmos. Quando o Cristo aparecer sobre as nuvens, ele somente manifestará uma metamorfose lentamente acabada, sob sua influência, no coração da massa humana. Apliquemo-nos, portanto, para apressar a sua vinda, a compreender melhor o processo, segundo o qual nasce e se desenvolve em nós a santa presença. A fim de favorecer mais inteligentemente os progressos, observemos em nós mesmos o nascimento e os desenvolvimentos do Meio Divino.

a) O aparecimento do Meio Divino. O sabor do ser e a diafania de Deus

Uma brisa passa à noite. Quando é que ela se levantou? Donde ela vem? Para onde ela vai? Ninguém o sabe. Ninguém pode forçar a pousar sobre si o espírito, o olhar, a luz de Deus.

Um dia, o homem toma consciência de que se tornou sensível a uma determinada percepção do Divino espalhado por toda parte. Interroguem-no. Quando este estado começou para ele? Ele não poderia dizê-lo. Tudo o que ele sabe é que um espírito novo atravessou a sua vida.

"Isto começou por meio de uma ressonância particular, singular, que fazia crescer toda a harmonia, por meio de uma irradiação difusa que aureolava cada beleza [...] Sensações, sentimentos, pensamentos, todos os elementos da vida psicológica eram tomados um após outro. Cada dia eles se tornavam mais embalsamados, mais coloridos, mais patéticos, por uma coisa indefinível, sempre a mesma coisa. Depois, a nota, o perfume, a luz, vagamente começaram a precisar-se. Então, eu me pus a sentir, contra toda convenção e contra toda verossimilhança, o que havia de inefavelmente comum entre todas as coisas. A unidade comunicava-se a mim, comunicando-me o dom de apoderar-me dela. Eu tinha verdadeiramente adquirido um sentido novo, *o sentido de uma qualidade ou de uma dimensão nova*. Algo mais profundo ainda: uma transformação se tinha operado para mim *na própria percepção do ser*. O ser, de agora em diante, tinha-se tornado para mim, de alguma maneira, tangível, saboroso. Dominando sobre todas as formas, com as quais ele se ornava, o próprio ser começou a atrair-me e a embriagar-me".

Eis aí, mais ou menos explicitamente, o que poderia contar todo homem que foi um pouco longe na potência de sentir e de analisar. E este homem será talvez exteriormente um pagão. E, se ele acha que é cristão, ele reconhecerá que este retorno interior lhe parece ter-se operado nas partes profanas, "naturais" de sua alma.

Não nos deixemos prender a estas aparências. Não nos deixemos até mesmo desconcertar pelos erros manifestos em que caíram muitos místicos em suas tentativas de fixar ou somente de nomear o Sorriso Universal. Como toda potência (quanto mais ela é rica), o sentido do Todo nasce informe e turvo. A Realidade que os homens pressentiram atrás das coisas, é possível que, como crianças que abrem os olhos pela primeira vez, eles a situem incorretamente. Suas apalpadelas, muitas vezes, só encontram um fantasma metafísico ou um ídolo grosseiro. Mas, desde quando as imagens e os reflexos provam alguma coisa contra a realidade dos objetos e da luz? Os desvios panteístas testemunham a imensa necessidade que tínhamos de uma palavra reveladora que caísse da boca daquele que é. Feita esta reserva, resta que, fisiologicamente, o sabor "natural" do ser é em cada vida a primeira aurora da iluminação divina, o primeiro tremor percebido do mundo animado pela encarnação. O sentido (*que não é forçosamente o sentimento*) da onipresença de Deus prolonga, supercria, sobrenaturaliza a própria força fisiológica que, por suas mutilações ou por seus processos ordinários, cria os panteísmos[15].

Esta constatação, de que *o Meio Divino se nos revela como uma modificação do ser profundo das coisas*, permite fazer imediatamente duas observações importantes no tocante à maneira como sua percepção se introduz e se conserva nas perspectivas humanas.

Antes de tudo, a manifestação do Divino não modifica a ordem aparente das coisas mais do que a consagração eucarística modifica para nossos olhos as santas espécies. Desde que o acontecimento psicológico consiste unicamente, no início, no aparecimento de uma *tensão interna ou de um brilho profundo*, as relações entre as criaturas ficam exatamente as mesmas. Elas se encontram somente acentuadas em seu sentido. Semelhante a estas matérias translúcidas que um raio nelas contido pode iluminar em bloco, o mundo aparece banhado, para o místico cristão, de uma luz interna que lhe intensifica o relevo, a estrutura e as profundezas. Esta luz não é a nuança superficial que um prazer grosseiro pode captar. Ela não é mais o brilho brutal que destrói os objetos e cega o olhar. Ela é a tranquila e poderosa irradiação gerada pela síntese de todos os elemen-

---

15. Em outras palavras e de maneira mais simples: da mesma maneira que no amor de Deus (Caridade) encontra-se, com toda evidência, no estado sobrenaturalizado, o poder humano de amar, assim – pensamos nós –, na origem psicológica do "sentimento da onipresença" provado pelo cristão, reconhece-se o "sentido do Ser universal", de onde saíram a maior parte das místicas humanas. Há uma alma *naturaliter christiana*. Recordemos (cf. p. 11) que estas páginas contêm uma descrição psicológica, não uma explicação teológica dos estados de alma encontrados [N.A.].

tos do mundo em Jesus. Quanto mais os seres onde ela age são acabados segundo sua natureza, tanto mais essa irradiação parece próxima e sensível; e quanto mais ela se torna sensível, tanto mais os objetos que ela banha se tornam distintos em seus contornos e distantes em sua profundidade. Se for permitido modificar ligeiramente uma palavra sagrada, diremos que o grande mistério do cristianismo não é exatamente o aparecimento, mas a transparência de Deus no universo. Sim, ó Senhor, não somente o raio que aflora, mas o raio que penetra. Não vossa epifania, ó Jesus, mais vossa *diafania*.

Nada é mais consistente e mais fugaz, mais misturado às coisas e, ao mesmo tempo, mais separável delas, do que um raio de luz. Se o Meio Divino se manifesta a nós como uma incandescência das camadas interiores do ser, quem nos garantirá a perseverança desta visão? Ninguém além do próprio raio. Potência alguma no mundo pode impedir-nos de saborear as alegrias desta diafania, porque ela acontece mais profundamente do que toda potência; igualmente nenhuma potência no mundo, pela mesma razão, pode forçar-lhe o aparecimento.

E eis aí o segundo ponto, cuja consideração deve ser lançada como fundamento na base de todas as nossas reflexões ulteriores sobre o progresso da vida em Deus.

A percepção da onipresença divina é essencialmente uma visão, um sabor, isto é, uma espécie de intuição que conduz a certas qualidades superiores das coisas. Portanto, ela não pode ser obtida diretamente por nenhum raciocínio nem por artifício humano qualquer. Como a vida, da qual ela representa sem dúvida a mais alta perfeição experimental, ela é um dom. E eis-nos aí conduzidos ao centro de nós mesmos, à beira da fonte misteriosa; para lá tínhamos descido (no início da segunda parte) para observar como ela jorrava. Provar a atração de Deus, ser sensível aos encantos, à consistência e à unidade final do ser é a mais alta e, ao mesmo tempo, a mais completa de nossas "passividades de crescimento". Deus tende, pela lógica de seu esforço criador, a fazer-se buscar e perceber por nós: *"Posuit homines [...] si forte attrectent eum"* ("Colocou os homens... na suposição de que eles o toquem"). Sua graça preventiva está, portanto, sempre em suspenso para excitar nosso primeiro olhar e nossa primeira oração. Mas, enfim, a iniciativa e o despertar, partem sempre dele; e sejam quais forem os desenvolvimentos ulteriores de nossas faculdades místicas, nenhum progresso se realiza nesse âmbito, senão como a resposta nova a um dom novo. *"Nemo venit ad Patrem nisi Pater traxerit eum"* ("Ninguém vai ao Pai, se o Pai não o atrair").

Eis-nos aqui, portanto, conduzidos a apresentar, na origem da invasão que o Meio Divino realiza em nós, uma intensa e contínua oração, oração que suplica pelo dom fundamental: *"Domine, fac ut videam"* ("Senhor, fazei com que eu veja"). Senhor, nós sabemos e pressentimos que vós estais em toda parte ao redor de nós. Mas parece que havia um véu sobre nossos olhos. Fazei brilhar por toda parte vosso rosto universal: *"Illumina vultum tuum super nos"* ("Fazei brilhar vossa face sobre nós"). Que vosso brilho profundo ilumine, até nossas entranhas, as escuridões maciças, no seio das quais nos movemos. *"Sit splendor Domini nostri super nos"* ("Esteja sobre nós o esplendor de nosso Senhor"). E, por isso, enviai-nos vosso Espírito, *"Spiritus principalis"*, cuja ação inflamada sozinha pode operar os inícios e os acabamentos da grande metamorfose, à qual se dirige toda a perfeição interior e pela qual geme vossa criação: *"Emitte Spiritum tuum, et creabuntur, et renovabis faciem Terrae"* ("Enviai o vosso Espírito, e tudo será criado, e renovareis a face da Terra").

b) Os progressos individuais do Meio Divino: a pureza, a fé e a fidelidade que agem

"*Ego operor [...] Pater semper operatur*" ("Eu ajo [...] O Pai sempre age"). O encanto (cheio de responsabilidades) do Meio Divino é o de poder adquirir ao redor de nós uma intensidade *sempre crescente*. É uma atmosfera, se nós assim o preferirmos, sempre mais luminosa e mais carregada de Deus. Nele – e somente nele – realiza-se o voto louco de todo amor: perder-se naquele que a gente ama e naufragar nele cada vez mais.

Poder-se-ia dizer que três virtudes concorrem para uma eficácia particular desta indefinida concentração do Divino em nossas existências: a pureza, a fé e a fidelidade, três virtudes aparentemente "imóveis", mas, na realidade, três virtudes ativas entre todas e também ilimitadas entre todas. Observemo-las, uma após outra, em sua função geradora do Meio Divino.

• **A pureza**

A pureza, no grande significado da palavra, não é somente a ausência de faltas (que é apenas uma face negativa da pureza) nem mesmo a castidade (que dela apenas representa um caso particular digno de nota). É a retidão e o *élan* que o amor de Deus, procurado em tudo e acima de tudo, coloca em nossas vidas.

É espiritualmente impuro o ser que, estabelecendo-se no prazer ou curvando-se ao egoísmo, introduz em si e em torno de si um princípio de lentidão e de divisão na unificação do universo em Deus.

É puro, pelo contrário, aquele que, segundo seu lugar no mundo, procura fazer dominar, acima de sua vantagem imediata ou momentânea, a preocupação do Cristo a consumar em todas as coisas. É cada vez mais puro aquele que, atraído por Deus, chega a dar a este *élan* e a esta travessia uma continuidade, uma intensidade e uma realidade cada vez maiores, seja por vocação de sempre ter que mover-se (ainda que cada vez mais espiritualmente) nas próprias áreas materiais do mundo, seja mais ordinariamente por ter acesso às áreas onde o Divino recoloca, pouco a pouco, para ele os outros nutrientes terrestres.

Assim compreendida, a pureza dos seres se mede pelo grau de atração que os leva para o Centro divino ou, o que dá no mesmo, pela proximidade deste Centro, na qual eles se encontram. A pureza mantém-se, diz-nos a experiência cristã, pelo recolhimento, pela oração mental, pela pureza de consciência, pela pureza de intenção, pelos sacramentos... Contentemo-nos, aqui, com exaltar sua espantosa potência de condensar o Divino ao redor de nós.

Em um de seus contos, Benson imagina que um "vidente" chega a uma capela isolada, onde uma religiosa está rezando. Ele entra. Eis, então, que ao redor deste lugar desconhecido ele vê de repente o mundo inteiro amarrar-se, mover-se, organizar-se por força da intensidade e da inflexão dos desejos da frágil orante. A capela do convento tinha-se tornado como polo, em torno do qual girava a Terra. Ao redor dela própria, a contemplativa sensibilizava e animava todas as coisas, porque ela acreditava; e sua fé era operante, porque sua alma, muito pura, a colocava totalmente perto de Deus. Esta ficção é uma excelente parábola.

A tensão interior dos espíritos em direção a Deus pode parecer desprezível àqueles que buscam avaliar a quantidade de energia acumulada na massa humana.

No entanto, se fôssemos capazes de perceber tão bem a "luz invisível" como percebemos as nuvens, os raios ou os brilhos solares, as almas puras, unicamente por sua pureza, nos pereceriam neste mundo tão ativas como os cumes nevados, cujos picos impassíveis aspiram continuamente para nós as potências errantes da alta atmosfera.

Queremos que cresça ao nosso redor o Meio Divino? Acolhamos e nutramos zelosamente todas as forças de união, de desejo, de oração que a graça nos apresenta. Pelo simples fato de que nossa transparência será aumentada, a luz divina, que não cessa de fazer pressão sobre nós, irromperá mais ainda.

Sonhamos alguma vez com o sentido do Mistério da Anunciação?

Quando chegou o momento em que Deus tinha resolvido realizar aos nossos olhos sua encarnação, foi necessário que Ele suscitasse antes de tudo, no mundo, uma virtude capaz de atraí-lo até nós. Ele tinha necessidade de uma mãe que o gerasse nas esferas humanas. O que Ele fez, então? Criou a Virgem Maria, isto é, fez aparecer sobre a Terra uma pureza tão grande que, nesta transparência, Ele se concentraria até tornar-se pequena criança.

Eis aí, expressa em sua força e em sua realidade, a potência da pureza capaz de fazer nascer o divino entre nós.

No entanto, a Igreja acrescenta, dirigindo-se à Virgem Mãe: *"Beata quae credidisti"* ("Bem-aventurada és tu que acreditaste"). É na fé que a pureza encontra o acabamento de sua fecundidade.

• **A fé**

A fé, tal como nós a entendemos aqui, não é, certamente, apenas a adesão intelectual aos dogmas cristãos. É, em um sentido muito mais rico, a crença em Deus, crença carregada de tudo o que o conhecimento deste ser adorável pode suscitar em nós em termos de confiança em sua força beneficente. É a convicção prática de que o universo, entre as mãos do Criador, continua a ser a argila, da qual

Ele modela, à sua vontade, as múltiplas possibilidades. É, em uma palavra, *a fé evangélica*, da qual se pode dizer que nenhuma virtude, mesmo a caridade, foi mais insistentemente recomendada pelo Salvador do que ela.

Ora, sob que traços esta disposição nos foi apresentada incansavelmente nas palavras e gestos do Mestre? Antes e acima de tudo, como *uma potência que age*. Intimidados pelas afirmações de um positivismo injustificado, arrefecidos de outra parte pelos excessos místicos da *"Christian Science"*, nós gostaríamos, muitas vezes, de deixar na sombra esta promessa incômoda de uma eficácia tangível assegurada à nossa oração. E, no entanto, não podemos dissimulá-la sem nos enrubescer do Cristo. Se não cremos, as vagas nos tragam, o vento sopra, o alimento nos falta, as doenças nos abatem ou nos matam, a força divina é impotente ou distante. Se, pelo contrário, nós cremos, as águas se tornam acolhedoras e doces, o pão se multiplica, os olhos se abrem, os mortos ressuscitam, a potência de Deus torna-se como que transvasada de força e se espalha por toda a natureza. Ou, então, é necessário glosar, minimizar arbitrariamente o Evangelho. Ou devemos admitir a realidade destes efeitos, não como transitória e passada, mas como perene e atualmente verdadeira. Ah! Cuidemos bem para não sufocar esta revelação de uma vivificação possível das forças da natureza em Deus: mas, muito pelo contrário, coloquemo-la resolutamente no centro de nossas perspectivas do mundo, atentos somente a compreendê-la bem.

A fé age. O que é que isto quer dizer? Seria que a ação divina há de vir, ao apelo de nossa fé, substituir o jogo normal das causas que nos rodeiam? Vamos esperar, como os iluminados, que Deus opere diretamente, na matéria ou nos nossos corpos, os resultados obtidos até aqui pelas nossas pesquisas profissionais?

Não, evidentemente. Nem os encadeamentos interiores do mundo material ou psíquico nem o dever humano do esforço máximo são ameaçados ou somente relaxados pelo preceito da fé. "*Iota unum aut apex non praeteribit*" ("Não passará um jota ou uma só vírgula"). Sob a ação transformadora da "fé que age", todas as ligações naturais do mundo permanecem intactas: mas aí se *supõe* um princípio, uma finalidade interna, quase se poderia dizer, uma alma a mais. Sob a influência de nossa fé, o universo, sem mudar exteriormente de traço, é capaz de abrandar-se, de animar-se, de superanimar-se. Eis aí o "tudo" e o "somente" da crença que o Evangelho formalmente nos impõe. Algumas vezes esta superanimação se traduz em efeitos miraculosos, quando a transfiguração das causas os faz chegar até à área de sua "potência obediencial"; logo, de maneira mais ordinária, ela se manifesta pela integração dos acontecimentos indiferentes ou desfavoráveis em um plano superior, em uma providência superior.

Um caso particularmente típico deste segundo modo de divinização do mundo pela fé, modo que não é nem menos profundo nem menos precioso do que os mais surpreendentes prodígios, nós já abordamos e analisamos mais acima (à p. 55). Tratando das passividades de diminuição, nós vimos como os nossos insucessos, as nossas desgraças, a nossa morte, as nossas próprias faltas podiam ser refundidas por Deus em melhores, transformadas nele. É aqui o lugar de encarar este milagre em toda a sua generalidade e do ponto de vista particular do ato de fé que é dela, de nossa parte, a providencial condição.

Sim, entre nossas mãos, para todos nós, o mundo, a vida (*nosso mundo, nossa vida*) são colocados como uma hóstia, totalmente prontos a carregar-se da influência divina, quer dizer, de uma real presença do Verbo encarnado. O Mistério será realizado. Mas sob uma condição: é que *creiamos* que *este* quer e pode tornar-se, para nós, a ação, isto é, o prolongamento do Corpo do Cristo. Cremos? Tudo se ilumina e toma figura ao redor de nós: o acaso ordena-se, o sucesso assume uma plenitude incorruptível, a dor torna-se uma visita e uma carícia de Deus. Duvidamos? O rochedo permanece seco; o céu, negro; as águas, traiçoeiras e cheias de correnteza. E nós poderíamos entender a voz do Mestre, diante de nossa vida desperdiçada: "Ó homens de fé mesquinha, por que duvidais?"

"Domine, adjuva incredulitatem meam" ("Senhor, vinde em socorro de minha falta de fé"). Ah! Vós próprio sabeis, Senhor, por terdes suportado humanamente a angústia. O mundo, em certos dias, se nos apresenta como uma coisa terrível: imenso, cego, brutal. Ele nos balança, nos arrasta, nos mata sem levar nada em consideração. Heroicamente – bem se poderia dizer –, o homem chegou a criar, entre as grandes águas frias e negras, uma área habitável, onde pouco a pouco faz calor e luz, onde os seres têm um rosto para olhar, mãos para acariciar, um coração para amar. Mas como esta habitação é precária! A cada instante, por todas as fendas, a grande coisa horrível irrompe, aquela, da qual nós nos esforçamos por esquecer de que ela está sempre aí, separada de nós apenas por um simples tapume: fogo, peste, tempestade, tremores de terra, desencadeamento de forças mortais obscuras arrastam em um instante, sem consideração, aquilo que nós tínhamos penosamente construído e ornado com toda a nossa inteligência e com o nosso coração.

Meu Deus, desde que me é impedido, por minha dignidade humana, fechar os olhos a tudo isso como um animal ou uma criança, para que eu não sucumba à tentação de maldizer o universo e aquele que o fez, *fazei com que eu o adore, ao ver-vos escondido nele*. A grande palavra libertadora, Senhor, a palavra que ao mesmo tempo tudo revela e opera, repeti-a para mim, Senhor: *"Hoc est corpus meum"* ("Isto é o meu corpo"). Na verdade, a coisa enorme e sombria, o fantasma, a tempestade – se nós o quisermos – sois Vós! *"Ego sum, nolite timere"* ("Sou eu, não tenhais medo"). Tudo aquilo que nos apavora em nossas vidas, tudo aquilo que vos consternou no jardim, no fundo, são somente as espécies ou as aparências, a matéria de um mesmo sacramento.

Creiamos somente. Creiamos tanto mais forte e mais desesperadamente quanto mais a Realidade parece ameaçadora e irredutível. E, então, pouco a pouco, nós veremos o universal horror afrouxar-se, depois de nos sorrir, depois de nos tomar em seus braços mais que humanos.

Não, isto não são os rígidos determinismos da matéria e dos grandes números; são as flexíveis combinações do Espírito que dão ao universo a sua consistência. O imenso acaso e a imensa cegueira do mundo nada mais são do que uma ilusão para aquele que crê. *"Fides, substantia rerum"* (A fé, a substância das coisas").

• **A fidelidade**

Porque nós cremos intensamente no mundo, com um coração puro, o mundo abrirá diante de nós os braços de Deus. Agora, em seus braços, para que se feche ao redor de nossas vidas o círculo do Meio Divino, nos resta lançar-nos. Este gesto será o de uma correspondência ativa ao dever cotidiano. *A fé consagra o mundo. A fidelidade comunga-o.*

Para descrever dignamente as "vantagens" da fidelidade, isto é, o papel essencial e final que ela desempenha em nossa tomada de posse do Meio Divino, nós deveríamos retomar aqui tudo o que foi dito nas duas primeiras partes deste estudo. Não é a fidelidade que coloca em jogo os inesgotáveis recursos oferecidos por toda paixão ao nosso desejo de comunhão?

Pela fidelidade, nós nos colocamos e nos mantemos tão completamente na mão divina que nos tornamos um com ela no exercício de sua ação.

Pela fidelidade, nós abrimos continuamente em nós um acesso tão íntimo às vontades e aos comprazimentos de Deus que sua vida, como um pão poderoso, penetra e assimila a nossa. *"Hoc est cibus meus, ut faciam voluntatem Patris"* ("Meu alimento é fazer a vontade do Pai").

Pela fidelidade, finalmente, nós nos encontramos situados, a cada instante, no ponto exato onde converge providencialmente sobre nós o inumerável feixe das forças interiores e exteriores do mundo, isto é, no ponto único onde se pode realizar para nós, em um dado momento, o Meio Divino.

É a fidelidade – e somente a fidelidade – que nos permite acolher os universais e perpétuos avanços do contato divino; por ela – e somente por ela – nós restituímos a Deus o beijo que Deus nos oferece continuamente através do mundo.

Ora, aquilo que não se pode avaliar no poder "comungante" da fidelidade é que, semelhante nisto àqueles que possuem a fé e a pureza, ele não conhece qualquer limite para a sua eficácia.

Nenhum limite *por parte da obra* realizada ou da diminuição sofrida: já que nós podemos abismar-nos sempre mais na perfeição do trabalho realizado ou na utilização melhor dos acontecimentos deploráveis. Sempre mais labor, sempre mais solicitude, sempre mais flexibilidade...

Nenhum limite também *por parte da intenção* que anima o esforço para agir e para aceitar: já que nós podemos caminhar sempre mais longe na perfeição interior da conformidade. Sempre mais desapego. Sempre mais amor.

E nenhum limite – muito menos limite ainda – *por parte do objeto divino*, já que nosso ser, na alegria, pode esgotar-se em desposá-lo sempre mais. Abandonemos aqui toda imagem de adesão imóvel. Ela se tornaria insuficiente. E recordemos isto: Deus não se apresenta a nossos seres finitos como uma coisa toda feita que nós devamos abraçar. Mas

Ele é para nós a eterna descoberta e o eterno crescimento. Quanto mais cremos compreendê-lo, mais Ele se revela outro. Quanto mais pensamos possuí-lo, mais Ele se recua, atraindo-nos para as profundezas de si mesmo. Quanto mais nos aproximamos dele, por meio de todos os esforços da natureza e da graça, mais Ele aumenta, em um mesmo movimento, sua atração sobre nossas potências e sobre a receptividade dessas potências a este encanto divino.

A rigor, o ponto privilegiado de que falamos a toda hora, o ponto único, onde pode nascer, para cada homem e a cada momento, o Meio Divino, não é um lugar fixo no universo. É um centro móvel que nós devemos seguir, como os magos seguem a sua estrela.

Por um caminho ou por outro, segundo as vocações de cada um, este astro conduz os homens de maneira diversa. Mas todas as pistas que ele indica têm em comum que elas fazem subir sempre mais alto (Nós já dissemos muitas vezes estas coisas; mas é importante agrupá-las uma última vez num mesmo feixe). Em cada existência, se ela é fiel, os desejos maiores sucedem aos desejos menores; a renúncia pouco a pouco prima sobre os prazeres; a morte consuma a vida. Finalmente, a deriva geral, através do criado, terá sido a mesma para todos. Uma vez pelo desapego do espírito, outra vez por um desapego efetivo, a fidelidade conduz a todos nós, mais ou menos depressa, em uma maior ou menor altitude, em direção a uma mesma área de menor egoísmo e de menor prazer, lá onde para a criatura mais extasiada brilha a luz divina mais abundante e mais límpida, além dos intermediários *não rejeitados*, mas *superados*.

Sob a ação convergente destes três raios – pureza, fé, fidelidade – o mundo se funde e se dobra.

Como um fogo violento que se alimenta daquilo que normalmente deveria extingui-lo, como uma torrente poderosa que se engrossa até mesmo com os obstáculos colocados através de seu curso, assim também a tensão gerada pelo encontro entre o homem e Deus dissolve, arrasta, volatiliza as criaturas; e ela faz com que todas igualmente sirvam para a união.

Alegrias, progressos, dores, reveses, faltas, obras, orações, belezas, potências do céu, da Terra ou do inferno, tudo se curva sob a passagem das ondas celestes; e tudo cede a parte de energia positiva que sua natureza contém para concorrer para a riqueza do Meio Divino.

Semelhante a estes jatos ardentes que atravessam sem dificuldade os metais mais duros, o espírito que Deus atrai penetra no mundo e avança envolvido pelos vapores luminosos de tudo aquilo que Ele sublima consigo.

Ele não destrói as coisas nem as força: mas Ele as liberta, as orienta, as transfigura, as anima. Ele não as abandona: mas Ele sobe, apoiando-se sobre elas, arrastando consigo aquilo que elas têm de escolhido.

Pureza, fé, fidelidade, virtudes imóveis e virtudes que agem, vós sois verdadeiramente, em vossa serenidade, as energias superiores da natureza, aquelas que dão ao mundo, mesmo material, sua última consistência e sua última figura. Vós sois os princípios formadores da terra nova. Por meio de vós, triplo aspecto de uma mesma adoração confiante, "nós triunfamos do mundo": "*Haec est quae vincit Mundum, fides nostra*" ("É a nossa fé que vence o mundo").

c) Os progressos coletivos do Meio Divino – A Comunhão dos Santos e a caridade

• **Observações preliminares sobre o valor "individual" do Meio Divino**

Nas páginas que precedem, nós nos ocupamos praticamente do estabelecimento e do progresso do Meio Divino em uma alma supostamente sozinha no meio do mundo na presença de Deus. "E os outros – terá pensado mais de um leitor –, o que você faz deles? Que cristianismo, portanto, é este que pretende edificar-se fora do amor ao próximo?"

O próximo – vamos ver agora – tem seu lugar essencial no edifício, cujas linhas nós tentamos estabelecer. Mas, antes de introduzi-lo em nossa construção, era necessário – por duas razões – tratar a fundo o problema da "divinização do mundo" no caso de um só homem particular.

Era necessário, primeiramente, por razão de *método*: porque, em boa ciência, o estudo de casos elementares deve sempre preceder o esforço de generalização.

E era necessário ainda por razão de *natureza*: porque, por mais extraordinariamente solidários que sejamos uns para com os outros em nosso desenvolvimento e em nossa consumação *in Christo Jesu*, nós não deixamos de constituir – cada um – uma unidade natural, carregada de suas responsabilidades e de suas possibilidades incomunicáveis. Ou nós nos salvamos ou nós nos perdemos a *nós mesmos*.

Este dogma cristão da salvação individual era tanto mais importante para colocar em relevo que as perspectivas aqui desenvolvidas são mais unitárias e mais universalistas. É necessário jamais perdê-lo de vista: assim como nas áreas experimentais do mundo os homens, por mais envolvidos que eles sejam pelo mesmo universo, representam – cada um – para este universo um centro de perspectiva e de atividade independente (de modo que há tantos universos parciais quanto são os indivíduos), da mesma maneira, no âmbito das realidades celestes, por mais penetrados que sejamos da mesma potência criadora e redentora, nós constituímos – cada um – um centro particular de divinização (de maneira que há tantos meios divinos parciais quantas são as almas cristãs).

Diante do mesmo espetáculo, na presença das mesmas possibilidades de percepção ou de ação, os homens, nós o sabemos, reagem de maneiras tão diferentes segundo as nuanças ou a perfeição de seu sentido e de seu espírito que, se nós pudéssemos, por uma circunstância improvável, emigrar de uma consciência a outra, nós mudaríamos cada vez de mundo.

Igualmente, sob as mesmas "espécies" temporais e espaciais, Deus se apresenta e se dá às almas com uma realidade e riqueza completamente diversas, de acordo com a fé, a fidelidade e a pureza que sua influência encontra. Imaginemos o mesmo êxito ou o mesmo naufrágio que envolve um grupo humano: este acontecimento único terá tantas faces e tantas finalidades de "almas" diferentes quantos forem os indivíduos afetados. Cego, absurdo, indiferente, material para aquele que não ama nem crê, ele será luminoso, providencial, carregado de sentido e de vida para aquele que chegou a ver e a tocar Deus por toda parte. Há tantas e diversas superanimações das causas segundas da parte de Deus quantas são as confianças e as fidelidades humanas. Essencialmente única em sua influência, a providência pluraliza-se ao nosso contato, como um raio de sol vem colorir-se ou perder-se nas profundezas dos corpos que ele encontra. O mesmo universo tem todas as espécies de camadas, de compartimentos diversos: *"in eadem domo, multae mansiones"* ("na mesma casa há muitas moradas").

Eis aí por que, repetindo sobre *nossa* vida as palavras que o sacerdote pronuncia sobre o pão e o vinho antes da consagração, nós devemos rezar, cada um para si, a fim de que o mundo se transfigure ao nosso uso: *"ut nobis Corpus et Sanguis fiat Domini nostri Jesu Christi"* ("para que se tornem para nós o Corpo e o Sangue de Nosso Senhor Jesus Cristo").

Este é o primeiro passo. Antes de ocupar-se dos outros (ou para poder ocupar-se dos outros), o fiel deve assegurar sua santificação pessoal, não por egoísmo, mas com esta forte e ampla consciência de que, a começar por uma parte infinitesimal e incomunicável, nós temos – cada um – o mundo inteiro a divinizar.

Como é possível esta divinização parcial? É o que nós acabamos de analisar. Agora não nos resta mais que integrar o fenômeno elementar e ver de que maneira, pela confluência dos meios divinos individuais, o Meio Divino total se constitui – depois reage, por sua vez – sobre os destinos particulares que Ele abraça para consumá-los. É chegado o momento de generalizar nossas conclusões, multiplicando-as, como que ao infinito, pela ação da caridade.

• Intensificação do Meio Divino pela caridade

Para compreender e medir a potência de divinização contida no amor ao próximo, é necessário voltar novamente às considerações que desenvolvemos, descrevendo especialmente a unidade total da consagração eucarística.

Através da enormidade do tempo e da multiplicidade desconcertante dos indivíduos, dizíamos nós, uma única operação se busca: a anexação de seus eleitos ao Cristo; uma única coisa se faz: o Corpo místico do Cristo a partir de todas as potências espirituais esparsas ou delineadas no mundo. "*Hoc est Corpus meum*" ("Isto é o meu corpo"). Ninguém no mundo pode salvar-nos nem perder-nos contra a nossa vontade, e isto é verdadeiro. Mas o que também é verdadeiro é que nossa salvação só se busca e se consuma *solidariamente*, com a justificação de toda a "massa eleita". Só haverá, em um sentido verdadeiro, um só homem salvo: o Cristo, cabeça e resumo vivo da humanidade. Cada um dos eleitos é chamado a ver a Deus face a face. Mas o ato de sua visão será vitalmente inseparável da ação elevadora e iluminadora do Cristo. No céu, nós contemplaremos a Deus, nós mesmos, mas como que pelos olhos do Cristo.

Se é assim, nosso esforço místico individual espera um complemento essencial de sua reunião com o esforço de todos os outros homens. Definitivamente um no Pleroma, o Meio Divino deve começar a tornar-se um desde a fase terrestre de nossa existência. Então, mesmo que o cristão, ávido de viver em Deus, tiver dado aos seus desejos toda a pureza, às suas orações toda a fé, à sua ação toda a fidelidade possível, imensas possibilidades se abririam ainda à divinização de seu universo. Restar-lhe-ia anexar sua obra elementar à de todos os operários que o rodeiam. Ao redor dele se apresentam os inumeráveis mundos parciais, cujas diversas mônadas humanas se desenvolvem. Ele precisa reaquecer seu próprio calor junto ao de todas estas lareiras, fazer comunicar sua seiva com a que circula nas outras células, receber ou propagar, para o benefício comum, o movimento e a vida, colocar-se na temperatura e na tensão comuns.

A que potências compete fazer estourar os invólucros, em que nossos microcosmos individuais tendem a isolar-se zelosamente e a vegetar? A que força foi concedido fundir e exaltar nossas irradiações parciais na irradiação principal do Cristo?

À caridade, princípio e efeito de toda ligação espiritual. A caridade cristã, tão solenemente pregada pelo Evangelho, não é outra coisa que a coesão mais ou menos consciente das almas, gerada por sua convergência comum *in Christo Jesu*. É impossível amar o Cristo, sem amar os outros (à medida que esses outros caminham em direção ao Cristo); e é impossível amar os outros (em um espírito de larga comunhão humana), sem se aproximar do Cristo pelo mesmo movimento. Portanto, automaticamente, por uma espécie de determinismo vivo, os meios divinos individuais, à medida que eles se constituem, tendem a soldar-se uns nos outros; e, em sua associação, eles encontram um aumento ilimitado de seus ardores. Esta conjunção inevitável sempre foi traduzida, na vida interior dos santos, por um transbordamento de amor para com tudo aquilo que, nas criaturas, traz em si um germe de vida eterna. A "tensão de comunhão", cuja maravilhosa eficácia para fazer o Homem aplicar-se a seu dever humano e extrair a vida até das potências mais carregadas de morte nós observamos, tem como último efeito precipitar o cristão no amor das almas.

O apaixonado do Meio Divino não pode suportar ao redor de si a obscuridade, a tepidez, o vazio naquilo que deveria ser todo cheio e vibrante de Deus. À ideia de inúmeros espíritos, ligados a ele na unidade de um mesmo mundo e ao redor do qual ainda não está suficientemente aceso o fogo da presença divina, ele se sente como que enregelado. Ele havia podido crer por algum tempo que, para tocar a Deus na medida de seus desejos, fosse-lhe suficiente estender somente sua mão a Ele. Agora Ele percebe que o único amplexo humano capaz de abraçar dignamente o Divino é o de todos os braços humanos abertos juntos para invocar e acolher o fogo. O único sujeito definitivamente capaz da transfiguração mística é o grupo inteiro dos homens, formando não mais do que um só corpo e uma só alma na caridade.

E esta articulação das unidades espirituais da Criação sob a atração do Cristo é a suprema vitória da fé sobre o mundo.

Meu Deus, eu vo-lo confesso, eu tenho sido por muito tempo e ainda sou resistente ao amor do próximo. Igualmente, eu experimentei ardentemente a alegria sobre-humana de romper-me e de perder-me nas almas, às quais a afinidade misteriosa da dileção humana me destinava; igualmente, eu me sinto nativamente hostil e fechado diante do comum daqueles que vós dizeis que devo amar. Aquilo que, no universo, está acima ou abaixo de mim (poder-se-ia dizer também na mesma linha), eu o integro facilmente em minha vida interior: a matéria, as plantas, os animais e, depois, as Potências, as Dominações, os Anjos, eu os aceito sem dificuldade e eu me alegro de sentir-me sustentado em sua hierarquia. Mas "o outro", meu Deus, não somente "o pobre, o coxo, o aleijado, o retardado", mas o *outro* simplesmente, o *outro* sem mais nada, aquele que por seu universo aparentemente fechado ao meu parece viver independentemente de mim e quebrar para mim a unidade e o silêncio do mundo, seria eu sincero se eu vos dissesse que minha reação instintiva não é de repeli-lo? E que a simples ideia de entrar em comunhão espiritual com ele não me causa um desgosto?

Meu Deus, fazei brilhar para mim vosso rosto na vida do Outro. Esta luz irresistível de vossos olhos, iluminada no fundo das coisas, ela já me atirou a toda obra a perseguir, a toda dificuldade a atravessar. Concedei-me o dom de perceber-vos, até mesmo e principalmente no mais íntimo, no mais perfeito, no mais distante da alma de meus irmãos.

O dom que vós me pedis para estes irmãos – o único dom que seja possível ao meu coração – não é a ternura cumulada destas afeições privilegiadas que vós dispondes em nossas vidas como o mais poderoso fator criado de nosso crescimento interior, é alguma coisa menos doce, mas tão real e mais forte. Entre mim e os homens vós quereis que, com a ajuda da Eucaristia, manifeste-se a fundamental atração (já obscuramente pressentida por todo amor, desde que ele seja forte) que faz misticamente da miríade de criaturas racionais uma espécie de uma mesma mônada em Vós, ó Jesus Cristo. Muito superior a uma simples simpatia pessoal, vós quereis que *as afinidades* combinadas de *um mundo para si mesmo e deste mundo para Deus* me atraiam "ao Outro".

Nisto, Vós não exigis de mim nada de psicologicamente impossível, já que, na multidão estrangeira e inumerável, é somente um e o mesmo ser pessoal – o vosso –, que sou convidado a amar.

Vós não me obrigais também, diante do próximo, a hipócritas declarações de amor, já que a busca de meu coração, podendo alcançar vossa pessoa somente no fundo daquilo que há de mais individual e concretamente pessoal em cada outro, é exatamente a este outro que se endereça a minha caridade, e não a alguma entidade vaga ao redor dele.

Não, vós não me pedis nada de falso nem de irrealizável. Mas simplesmente, por vossa revelação e por vossa graça, vós forçais aquilo que há de mais humano em nós a tomar enfim consciência de si mesmo. A humanidade dormia – e ainda dorme – entorpecida nas estreitas alegrias de seus pequenos amores fechados. Uma imensa potência espiritual dormita no fundo de nossa multidão, a qual só aparecerá quando pudermos *forçar os tapumes* de nossos egoísmos e elevar-nos, por meio de uma refundição fundamental de nossas perspectivas, à visão habitual e prática das realidades universais.

Jesus, salvador da atividade humana, à qual vós trazeis uma razão de agir, salvador da dor humana, à qual vós trazeis um valor de vida, sede a salvação da unidade humana, forçando-nos a abandonar nossas pequenezas e a aventurar-nos, apoiados em Vós, no oceano desconhecido da caridade.

• As trevas exteriores e as almas perdidas

A história do Reino de Deus é diretamente a de uma reunião. O Meio Divino total constitui-se pela incorporação de todo espírito eleito a Jesus Cristo. Mas, quem diz eleito diz escolha, diz seleção. Portanto, para compreender cristãmente a ação universal de Jesus não bastaria olhá-lo unicamente como centro de atração e de beatificação. Justamente porque Ele é Aquele que une, Ele é também Aquele que escolhe, que separa, que julga. No Evangelho, há o bom grão, as ovelhas, a direita do Filho do Homem, a sala da festa nupcial e o fogo que inflama de alegria. Mas há também o joio; há os bodes; há a esquerda do Juiz; há a porta fechada; há as trevas exteriores; há, como antípoda das chamas que unem no amor, o fogo que corrompe no isolamento. O processo completo de onde nasce gradualmente a terra nova é uma *agregação* duplicada de uma *segregação*.

No correr destas páginas que precedem (preocupados unicamente em subir mais direto em direção à lareira divina e em oferecer-nos mais completamente aos seus raios) enquanto nós tínhamos sistematicamente nossos olhos voltados para a luz, nunca deixamos de sentir atrás de nós a sombra e o vazio, a rarefação ou ausência de Deus, pela qual nossa corrida ficaria suspensa. Mas estas trevas inferiores, das quais nós procuramos fugir, também teriam podido bem ser uma espécie de abismo aberto sobre o nada. A imperfeição, o pecado, o mal, a carne eram, sobretudo, um sentido retrógrado, uma face reversa das coisas que cessavam de existir para nós à medida que nós naufragávamos em Deus.

Vossa revelação, Senhor, obriga-me a crer mais. As potências do mal, no universo, não são somente uma atração, um desvio, um sinal de "menos", uma volta aniquiladora à pluralidade. No curso da evolução espiritual do mundo, os elementos conscientes, as mônadas destacaram-se livremente da massa que o vosso encanto atrai. O mal está como que encarnado neles, "substancializado" neles. E agora há, ao redor de mim, misturados à vossa luminosa presença, há presenças obscuras, seres maus, *coisas* malignas. E este conjunto separado representa uma perda definitiva e imortal da gênese do mundo. Há trevas não somente *inferiores*, mas também *exteriores*. Eis o que nos diz o Evangelho.

Meu Deus, entre todos os mistérios, nos quais devemos crer, sem dúvida, não há um só que choca mais nossas visões humanas do que o da condenação. E, quanto mais nos tornamos homens, isto é, conscientes dos tesouros escondidos no menor dos seres e do valor que representa o mais humilde átomo para a unidade final, tanto mais nós nos sentimos perdidos na ideia do inferno. Uma recaída em alguma inexistência, nós a compreendemos ainda... Mas uma inutilização eterna e um sofrimento eterno...

Vós me dissestes, meu Deus, para crer no inferno. Mas, com absoluta certeza, vós não me proibistes de pensar a respeito de um só homem, que ele estivesse condenado. Portanto, eu não procurarei aqui olhar os condenados, nem mesmo saber, de alguma maneira, se ele existe. Mas, aceitando, por vossa palavra, o inferno *como um elemento estrutural do universo*, eu rezarei, eu meditarei até que, nesta coisa terrível, apareça para mim um complemento fortificante, até mesmo beatificante, para as visões que vós me abristes sobre vossa onipresença.

Na verdade, Senhor, tenho eu necessidade de forçar meu espírito ou as coisas para perceber, no próprio mistério da segunda morte, uma fonte de vida? É necessário olhar muito para descobrir nas trevas exteriores um aumento de tensão e um aprofundamento de vossa grandeza?

Consideradas em sua ação maligna, voluntária, as potências do mal – eu já o sei – não podem atrapalhar em nada, na minha ambiência, o Meio Divino. À medida que elas buscam penetrar em meu universo, sua influência (se tenho bastante fé) sofre a sorte comum de toda energia criada; agarrados, contorcidos por vossa energia irresistível, as tentações e os males convertem-se em bem e excitam o braseiro do amor.

Considerados no vazio que seu defeito cava no seio do corpo místico, os espíritos decaídos não poderiam também – eu ainda o sei – alterar a perfeição do Pleroma. A cada alma que, perdendo-se apesar dos apelos da graça, pudesse prejudicar a perfeição da união comum, vós opondes, meu Deus, uma destas refundições que restauram, a cada instante, o universo em um novo frescor e em uma nova pureza. O condenado não é excluído do Pleroma, mas de sua face luminosa e da beatificação. Ele o perde, mas não fica perdido para ele.

O inferno, portanto, por sua existência, não destrói nada, não estraga nada no Meio Divino, cujo progresso ao redor de mim eu segui, ó Senhor, com maravilhamento. Mas, além do mais, eu o sinto, ele opera aí alguma coisa de grande e de novo. Ele acrescenta um acento, uma gravidade, um relevo, uma profundidade que, sem ele, não existiriam. O cume só se mede bem pelo abismo que ele coroa.

Eu falava, a toda hora, seguindo minhas visões humanas, de um universo fechado embaixo pelo nada, isto é, por uma escala de grandezas paradas, de alguma maneira, no zero. Eis aqui, meu Deus, que, dilacerando as sombras inferiores do universo, vós me ensinais que sob meus pés se abre um outro hemisfério, o âmbito real – que desce sem limites – de existências, pelo menos, possíveis.

Será que a realidade deste polo negativo do mundo não vem *duplicar* a urgência e a imensidão do poder com o qual vós vos precipitais sobre mim?

Ó Jesus, mestre terrivelmente belo e zeloso, fechando os olhos para o que minha fraqueza humana ainda não pode compreender e, portanto, suportar, isto é, para a realidade dos condenados, eu quero pelo menos assimilar em minha visão habitual e prática do mundo a gravidade sempre ameaçadora da condenação; não tanto para temer-vos, mas para pertencer mais apaixonadamente a vós.

Eu já vos gritei a toda hora: não sejais somente um irmão para mim, ó Jesus, mas sede-me um Deus! Agora, revestido da potência formidável de seleção que vos coloca no ápice do mundo como o princípio de atração universal e de repulsão universal, vós me apareceis verdadeiramente como a força imensa e viva que eu procurava por toda parte, a fim de poder adorar. Os fogos do inferno e os do céu não são duas forças diferentes, mas as manifestações contrárias da mesma energia.

Que as chamas do inferno não me atinjam, ó Mestre, nem a ninguém daqueles que eu amo... Que elas não atinjam a ninguém, ó meu Deus (vós me perdoareis, eu o sei, esta oração insensata). Mas, que seus sombrios clarões se juntem, para cada um de nós, com todos os abismos que elas desvelam, à plenitude ardente do Meio Divino.

Epílogo
A espera da parusia

Segregação e agregação. Separação dos elementos maus do mundo e "coadunação" dos mundos elementares que cada espírito fiel constrói ao redor de si no trabalho e na dor. Sob a influência deste duplo movimento, ainda quase inteiramente escondido, o universo transforma-se e amadurece ao redor de nós.

Nós imaginamos, às vezes, que as coisas se repetem, indefinidas e monótonas, na história da criação. É que a estação é muito longa, em consideração à breve duração de nossas vidas individuais; é que a transformação é muito vasta e muito interna, com relação às nossas visões superficiais e limitadas, para que percebamos os progressos do que se faz, incansavelmente, graças e através de toda a matéria e de todo espírito. Creiamos na Revelação, fiel apoio (ainda aqui) de nossos pressentimentos mais humanos. Sob o envolvimento banal das coisas, de todos os nossos esforços purificados e salvos, gera-se gradualmente a terra nova.

Um dia, anuncia-nos o Evangelho, a tensão lentamente acumulada entre a humanidade e Deus atingirá os limites estabelecidos pelas possibilidades do mundo. Então, será o fim. Como um relâmpago sai impetuosamente de um polo a outro, a presença do Cristo silenciosamente aumentada nas coisas se revelará bruscamente. Esta presença invadirá a face da Terra, rompendo todas as barreiras em que aparentemente os véus da matéria e o estancamento mútuo das almas a continham. E, sob a ação enfim libertada das verdadeiras afinidades do ser, arrastados por uma força onde se manifestarão as potências de coesão próprias do mesmo universo, os átomos espirituais do mundo virão ocupar, no Cristo ou fora dele (mas sempre sob a influência do Cristo) o lugar, de felicidade ou de pena, que a estrutura viva do Pleroma lhes designa. "*Sicut fulgur exit ab Oriente et paret usque in Occidentem [...] Sicut venit diluvium et tulit omnes [...] Ita erit adventus Filii hominis*" ("Assim como o relâmpago parte do Oriente e brilha até o Ocidente [...] Assim como veio o dilúvio e levou a todos [...] Assim será a vinda do Filho do Homem"). Como o raio, como um incêndio, como um dilúvio, a atração do Filho do Homem apoderar-se-á, para reuni-los ou submetê-los a seu corpo, todos os elementos que estão em turbilhão no universo. "*Ubicumque fuerit corpus, illic congregabuntur et aquilae*" ("Onde estiver o cadáver, ali se juntarão os abutres").

Tal será a consumação do Meio Divino.

A respeito da hora e das modalidades deste acontecimento, será supérfluo tecer especulações, como nos adverte o Evangelho. Mas nós devemos *esperá-lo*.

A espera, espera ansiosa, coletiva e operante de um fim do mundo, isto é, de uma saída para o mundo, é a função cristã por excelência e talvez o traço mais distintivo da nossa religião.

Historicamente, a espera nunca cessou de guiar, como uma tocha, os progressos de nossa fé. Os israelitas foram perpétuos "expectantes"; e os primeiros cristãos também. Porque o Natal, que deveria – parece – inverter nosso olhar e concentrá-los no passado, não fez outra coisa que levá-los cada vez mais para frente. Aparecido um instante entre nós, o Messias não se deixou ver e tocar, a não ser para perder-se, ainda uma vez, mais luminoso e mais inefável, nas profundezas do futuro. Ele veio. Mas, agora, nós devemos esperá-lo ainda e de novo, não mais somente um pequeno grupo escolhido, mas todos os homens, mais do que nunca. O Senhor Jesus só virá depressa, se nós o esperarmos muito. É uma acumulação de desejos que deve fazer estourar a parusia.

Cristãos, encarregados depois de Israel de guardar sempre viva sobre a Terra a chama do desejo, vinte séculos somente após a ascensão, o que é que fizemos da espera?

Ai! A pressa um pouco infantil, ligada ao erro de perspectiva, que tinham feito a primeira geração cristã acreditar em um retorno iminente do Cristo, deixaram-nos decepcionados e tornaram-nos desconfiados. As resistências do mundo ao bem vieram desconcertar nossa fé no Reino de Deus. Certo pessimismo, talvez, sustentado por uma concepção exagerada da queda original, levou-nos a crer que decididamente o mundo é mau e incurável... Então, nós deixamos baixar o fogo em nossos corações adormecidos. Sem dúvida, nós vemos, com mais ou menos angústia, aproximar-se a morte individual. Sem dúvida ainda, nós rezamos e agimos conscientemente "para que venha o Reino de Deus". Mas, na verdade, quantos, entre nós, estremecem realmente, no fundo de seu coração, na esperança louca de uma refundição de *nossa* Terra? Quais são os que navegam, no meio de nossa noite, inclinados para os primeiros coloridos de um Oriente *real*? Qual é o cristão em quem a nostalgia impaciente do Cristo chega, não para submergir (como seria necessário), mas somente para equilibrar os cuidados do amor ou dos interesses humanos? Qual católico é tão apaixonadamente dedicado (por convicção e não por convenção) às esperanças da Encarnação a espalhar, quanto o são muitos humanitários aos sonhos de uma cidade nova? Nós continuamos a dizer que estamos em vigília na expectativa do Mestre. Mas, na realidade, se nós quisermos ser sinceros, seremos forçados a confessar que *nós não esperamos nada*.

É necessário, custe o que custar, reavivar a chama. É necessário a todo preço renovar em nós mesmos o desejo e a esperança do grande acontecimento. Mas, onde buscar a fonte deste rejuvenescimento? Antes de tudo, é bem claro, em um incremento do encanto exercido diretamente pelo Cristo sobre seus membros. Mais ainda? *Em um incremento de interesse* descoberto pelo nosso pensamento na preparação e na consumação da parusia. E de onde fazer brotar este interesse? Da percepção de *uma conexão mais íntima* entre o triunfo do Cristo e o êxito da obra que o esforço humano procura edificar aqui embaixo.

Nós o esquecemos constantemente. O sobrenatural é um fermento, uma alma, não um organismo completo. Ele vem transformar "a natureza"; mas ele não poderia abster-se da matéria que esta lhe apresenta. Se os hebreus se mantiveram três mil anos voltados para o Messias, é porque este se lhes manifestava aureolado da glória de seu povo. Se os discípulos de São Paulo viviam perpetuamente suspirando pelo grande dia, é porque do Filho do Homem eles esperavam a solução pessoal e tangível dos problemas e das injustiças da vida. A espera do céu somente poderia viver se ela fosse encarnada. Que corpo daremos nós hoje à nossa espera?

O de uma imensa esperança *totalmente humana*. Olhemos a Terra ao redor de nós. O que se passa sob nossos olhos na massa dos povos? De onde vem esta desordem na sociedade, esta agitação inquieta, estas vagas que incham, estas correntes que circulam e se juntam, estes empurrões agitados, formidáveis e novos? A humanidade visivelmente atravessa uma crise de crescimento. Ela toma obscuramente consciência daquilo que lhe falta e daquilo que ela pode. Diante dela – nós o recordamos na primeira destas páginas –, o universo se torna luminoso como o horizonte, de onde vai jorrar o sol. Ela pressente, portanto, e ela espera.

Submisso como todos a esta atração, o cristão – nós o dizemos – maravilha-se, às vezes, e inquieta-se. Não seria a um ídolo que ele busca dirigir sua adoração?

Nosso estudo agora acabado do Meio Divino permite responder a este temor.

Não, nós não devemos hesitar – nós, os discípulos do Cristo – em captar esta força que precisa de nós e que nos é necessária. Nós, pelo contrário, sob pena de deixá-la perder-se e de enfraquecer-nos a nós mesmos, devemos participar das aspirações, da essência autenticamente religiosa, que fazem tão poderosamente os homens de hoje sentirem a imensidão do mundo, a grandeza do espírito, o valor sagrado de toda verdade nova. É nesta escola que nossa geração cristã reaprenderá a esperar.

Nós não estamos amplamente penetrados por estas perspectivas: o progresso do universo, especialmente do universo humano, não é uma concorrência feita a Deus nem um desperdício vão das energias que nós lhe devemos. Quanto mais o homem for grande, mais a humanidade será unida, consciente e mestra de sua força; igualmente, quanto mais a criação for bela, mais perfeita será a adoração, mais o Cristo encontrará, para as extensões místicas, um corpo digno de ressurreição. Assim como não pode haver dois centros numa circunferência, da mesma maneira não poderia haver dois cumes no mundo. O Astro que o mundo espera, sem saber ainda pronunciar seu nome, sem avaliar exatamente sua verdadeira transcendência, até mesmo sem poder distinguir os mais espirituais e os mais divinos de seus raios, é forçosamente o mesmo Cristo que nós esperamos. Para desejar a parusia, nós somente temos que deixar bater em nós – cristianizando-o – o próprio coração da Terra.

Por que, então, homens de fé mesquinha, temer ou mostrar descontentamento com os progressos do mundo?

Por que multiplicar imprudentemente as profecias e as defesas: "Não vão [...] não tentem [...] tudo é conhecido: a Terra está vazia e velha: não há mais nada a encontrar [...]"

Tudo tentar pelo Cristo! Tudo esperar pelo Cristo! *"Nihil intentatum"*! ("Nada foi tentado"). Eis aí, justamente ao contrário, a verdadeira atitude cristã. Divinizar não é destruir, mas supercriar. Nós nunca saberemos tudo o que a Encarnação ainda espera das potências do mundo. Nós nunca esperaremos bastante da crescente unidade humana.

Levanta a cabeça, Jerusalém. Olha a imensa multidão daqueles que constroem e daqueles que pesquisam. Nos laboratórios, nos estúdios, nos desertos, nas fábricas, no enorme cadinho social, tu os vês, todos estes homens que penam? Pois bem, tudo o que fermenta por meio deles, a arte, a ciência, o pensamento, tudo isto é para ti. Vamos! Abre teus braços, abre teu coração e acolhe, como teu Senhor Jesus, a onda, a inundação da seiva humana. Recebe esta seiva, porque, sem seu batismo, tu estiolarás sem desejo, como uma flor sem água; e salva-a, pois que, sem teu sol, ela se dispersará loucamente em caules estéreis.

Onde está agora a tentação do mundo muito grande, a sedução do mundo muito bonito?

Não existe mais.

A Terra bem que pode, desta vez, agarrar-me com seus braços gigantes. Ela pode encher-me de sua vida ou retomar-me em seu pó. Ela pode enfeitar-se aos meus olhos com todos os encantos, com todos os horrores, com todos os mistérios. Ela pode arrebatar-me por seu perfume de tangibilidade e de unidade. Ela pode lançar-me de joelhos na espera daquilo que amadurece em seu seio.

Seus feitiços não poderiam mais prejudicar-me, desde que ela se tornou para mim, *para além dela mesma*, o corpo daquele que é e daquele que vem!

O Meio Divino.

Tientsin, novembro de 1926- março de 1927[16].

---

16. Em março de 1955, isto é, no último mês de sua vida entre nós, o Padre Teilhard de Chardin, voltando a *O Meio Divino*, escrevia no início de uma última Profissão de Fé: "Já faz muito tempo que, nos livros *La Messe sur le Monde* e *O Meio Divino*, eu tentei, diante das perspectivas apenas formadas em mim, formular minha admiração e meu maravilhamento. Hoje, depois de quarenta anos de contínua reflexão, ainda sinto a necessidade de apresentar e de partilhar exatamente a mesma visão fundamental, sob sua forma amadurecida, uma última vez. Isto com menos frescor e com menos exuberância do que no momento de seu primeiro encontro. Mas sempre com o mesmo maravilhamento e a mesma paixão". Portanto, nenhuma obra do grande crente deve ser compreendida de outra maneira que nesta "visão fundamental" do Meio Divino – visão (sempre subjacente, quando ela não é expressa) do Cristo *tudo em todos*; do universo movido e compenetrado por Deus na totalidade de sua evolução. A presente publicação traz, desta maneira, sua plena luz ao *Phénomène humain* [N.E.].

Clássicos da Espiritualidade

Confira outros títulos da coleção em

livrariavozes.com.br/colecoes/classicos-da-espiritualidade

ou pelo Qr Code